LE LIVRE DES ENFANS.

Par un Instituteur.

BOURGES,

Chez VERMEIL, lib., place des Carmes,

Au Grand Bourdaloue.

1834.

LE LIVRE DES ENFANS.

Par un Instituteur.

BOURGES,

Chez VERMEIL, Libraire, place des Carmes,
au Grand Bourdaloue.

1834.

Tout exemplaire non signé de l'auteur sera réputé contrefait.

Des dépôts du *Livre des Enfans* sont établis chez tous les libraires des départemens du Cher, de l'Indre et de la Nièvre.

BOURGES, IMP. DE Vᵉ. SOUCHOIS ET Cⁱᵉ.

A Messieurs les Instituteurs.

Une vérité triste, mais incontestable, est celle-ci :

Le premier livre de lecture est encore à faire.

Ce n'est pas que les méthodes manquent ; ce n'est pas que dans la foule des livres élémentaires du premier âge, il n'y ait de bonnes et utiles leçons ; jamais, au contraire, et c'est un bien sans doute, jamais les ouvrages d'enfance n'ont été si nombreux, si divers.—Mais un livre de lecture complet, où la méthode soit simple et à la portée de tous, où les difficultés du langage soient résolues sans peine, clairement et d'elles-mêmes, pour ainsi dire ; un ouvrage à la fois rationnel et facile, un véritable livre des enfans, nous n'en avons pas.

Il faut donc un livre à l'enfance : livre de bonne foi, exempt de charlatanerie, peu savant, très utile.

Il faut une méthode de lecture à la fois prompte et facile et harmoniée surtout à l'intelligence de l'enfant ; telle enfin, que chaque instituteur puisse l'adopter pour son école, chaque père de famille pour sa maison.

J'ai entrepris de résoudre ce problême dans l'ouvage que je présente au public.

Imparfait à son origine, ce livre peut devenir, par le concours des observations que je m'empresserai de recevoir, digne de l'idée qui a présidé à sa composition, et capable de préparer, par les progrès qu'on doit attendre de sa perfection, une amélioration sensible dans cette branche si importante de l'instruction primaire ; LA LECTURE.

J. A. AMOUROUX.

EXPLICATION
DE LA METHODE.

Les exercices de lecture forment huit classes ; chaque classe comprend un certain nombre de leçons. Par cette division, mon livre convient à tous les modes d'enseignement :

Au mode individuel, en ce qu'il permet à l'enfant isolé de travailler seul, d'*étudier* sa leçon ;

Au mode simultané, en ce que les élèves de la même classe peuvent suivre et lire tour à tour.

Enfin, si l'on fait de chaque leçon un tableau, il s'adapte parfaitement à l'enseignement mutuel.

Le procédé est aussi simple qu'uniforme, et facile à suivre pour tous les modes d'enseignement : — Placé au bas de chaque leçon, il sert à guider le maître.

Les difficultés de la lecture ne commencent réellement qu'à la septième classe qui les renferme toutes et forme à elle seule quatre divisions. Déjà rompu à la lecture des mots où les lettres et les sons affectent une valeur constante, l'enfant éprouvera d'abord quelque peine à retenir les exceptions nombreuses qui rendent si pénible l'étude de notre langage. — J'exhorte les maîtres à apporter une attention soutenue aux exercices de cette classe;

car, je le répète, là seulement résident toutes les difficultés.

La liaison des mots commence la huitième classe. Jusque-là, le maître pourra tolérer, chez les enfans de faible intelligence, l'oubli de cette liaison si ardue et si difficile à comprendre. Arrivé à la lecture courante, l'élève devra s'appliquer d'abord aux leçons de liaison des mots entr'eux.

Les règles devront être apprises *par cœur*, et même les exceptions, s'il est possible.

A la suite de la lecture courante, j'ai placé la lecture du latin, qui, sans être d'une utilité indispensable, ne doit cependant pas être négligée.

Parmi les ouvrages que j'ai consultés et où j'ai puisé un grand nombre de notions pour mon Livre, je dois citer la Méthode de M. Peigné; les Tableaux de lecture de MM. Meissass et Michelot, et surtout l'excellent ouvrage de M. Maître, qu'il est si regrettable de ne pouvoir introduire dans les écoles nombreuses.

Les trente leçons consacrées à la lecture courante sont également extraites des meilleurs livres de lecture adoptés pour les écoles primaires.

PREMIERE CLASSE. — 1re Leçon.

Lettres. — *Voyelles simples.*

o se prononce comme dans zéro.
a ———————————————— papa.
é ———————————————— vérité.
i ———————————————— midi.
e ———————————————— revenir.
u ———————————————— bossu.
è ———————————————— procès.

Exercice.

a, é, i, è, u, e, o.
o, e, è, i, é, u, a.
é, u, e, a, i, è, u.
u, è, é, e, o, a, i.

Premier procédé. — Le maître, montrant o, dit : o, comme dans *zéro, domino;* l'enfant répète o, puis a, puis é, i, et ainsi de suite.

Deuxième procédé. — Sur l'exercice. — Le maître fait lire les voyelles suivant le sens horizontal : a, é, i, e, è, et ainsi de suite.

Troisième procédé. — Le maître dit : Montrez è, montrez a, e, u, et ainsi de suite.

(On ne fera passer l'enfant à la leçon suivante que lorsqu'il connaîtra parfaitement et indiquera, sans hésiter, toutes les voyelles.)

PREMIERE CLASSE. — 2ᵉ Leçon.

Lettres. — *Consonnes simples.*

l	se prononce le	comme dans	voile.
r	re		mare.
v	ve		rave.
f	fe		carafe.
n	ne		âne.
m	me		plume.
s	se		mousse.
z	ze		bronze.
x	cse		taxe.
c	que		roc.
t	te		route.
d	de		mode.
p	pe		pipe.
b	be		robe.
g	gue		bague.
j	je		jeton.

Exercice.

l, p, b, d, t, n, m, g, b, p, d, j, s, f, v, r, z, c, p, d, b.

Récapitulation.

r, o, s, é, l, i, j, e, z, u, x, è, f, a, v, é, d, i.
p, o, b, è, t, a, c, é, g, e, n, i, m, o, p, u, b, a, d, è.

Premier procédé. — Le maître, montrant l, dit : le, l'enfant répète ; puis montrant r, dit : re, et ainsi de suite.

Deuxième procédé. — Sur l'exercice. — Le maître fait lire les consonnes de gauche à droite, l, p, b, d, et ainsi de suite.

Troisième procédé. — Pour achever de rompre l'élève à la connaissance des lettres, il lui fait montrer les lettres de la récapitulation.

PREMIÈRE CLASSE. — 3ᵉ Leçon.

Syllabes. — *Une consonne simple et une voyelle simple.*

li	lo	la	lé	le	lè	lu
ro	ra	re	ri	ré	ru	rè
ma	mi	mo	me	mè	mé	mu
ni	nè	ne	né	nu	no	na
je	ja	ji	jè	ju	jé	jo
zo	zi	zu	za	zè	ze	zé
si	se	sa	sé	so	su	sè
vu	vè	vé	ve	vi	va	vo
fa	fe	fè	fé	fi	fo	fu
di	da	de	dé	du	do	dè
ta	ti	tè	te	tu	té	to
po	pè	pi	pa	pé	pu	pe
bè	bé	be	bi	bu	bo	ba
ca	co	cu	»	»	»	»
gu	ga	go	»	»	»	»
xe	xa	xé	xi	xo	xu	xè

Premier procédé. — Le maître montre *li*, et dit : le, i, li ; l'enfant répète, puis lo, le, o, lo, et ainsi de suite en suivant les lignes horizontales de gauche à droite.

Deuxième procédé. — Le maître montre *li* ; l'enfant dit : li (sans épeler), puis ro, puis ma, et ainsi de suite en descendant de haut en bas.

Troisième procédé. — Le maître montre une syllabe au hasard, *pa*, *ré*, *fi*, l'enfant l'énonce sans épeler, et ainsi de suite.

PREMIERE CLASSE. — 4ᵉ Leçon.

Mots.

a-mi	ma-ri	ri-me	li-mé
â-ne	lu-ne	u-ni	pu-ni
é-cu	ca-ve	cu-ré	cu-ve
î-le	la-me	li-re	zè-le
ô-té	ti-ra	vêtu	ta-re
i-ra	ri-me	ju-ré	li-re
o-de	do-ré	mo-de	dé-jà
é-té	pâ-té	pô-le	ta-pe
è-re	mè-re	sè-ve	rê-ve
é-mu	mu-ré	ga-re	si-re
a-xe	ta-xe	bo-xé	ri-xe
u-ni	pu-ni	fi-ni	sû-re
â-me	ma-re	ra-ve	pu-re
a-re	fê-té	jo-li	dé-fi

Premier procédé. — Le maître montre *ami* et dit : a, me, i, mi, ami; l'enfant répète, puis *mari*, et ainsi de suite en suivant les rangées horizontales de gauche à droite.

Deuxième procédé. — Le maître montre *ami* et dit a-mi (sans épeler); l'enfant répète, puis il montre *âne*, *écu*, et ainsi de suite de haut en bas.

Troisième procédé. — Le maître montre un mot au hasard, *juré*, *vêtu*, *rixe*, l'enfant l'énonce sans épeler, et ainsi de suite.

(Pour les voyelles longues ô, â, î, ê, le maître fait appuyer davantage, rôle, pâté.)

PREMIERE CLASSE. — 5ᵉ Leçon.

Mots.

o-pé-ra	ré-pa-ré	vi-pè-re
é-co-le	li-mi-te	co-lu-re
i-mi-ta	ti-mi-de	vo-lu-me
é-lè-ve	ré-vé-la	vé-ri-té
a-rê-te	re-ti-ra	do-ru-re
u-ni-té	lé-gu-me	fi-gu-ré
o-xi-dé	co-lo-ré	dé-po-li
é-cu-me	mi-nu-te	ju-ju-be
a-va-re	sa-la-de	to-pa-ze
u-ti-le	vé-né-ré	a-bo-li
sé-ré-na-de	dé-li-bé-ra	ri-va-li-té
sé-vé-ri-té	fa-ta-li-té	sé-cu-rité

Premier procédé. — Le maître montre *opéra*, et dit : o, pe, é, pé, re, a, ra, opéra ; l'enfant répète, puis il montre *réparé*, et ainsi de suite, en suivant les rangées horizontales de gauche à droite.

Deuxième procédé. — Le maître montre *opéra*, et dit : opéra (sans épeler), l'enfant répète ; puis il montre *école*, *imita*, et ainsi de suite, de haut en bas.

Troisième procédé. — Le maître montre un mot au hasard, *coloré*, *volume* ; l'enfant l'énonce sans épeler, et ainsi de suite.

PREMIERE CLASSE. — 6ᵉ Leçon.

Phrases.

Le ca-fé—la lu-ne—l'a-mi—le pè-re—du rô-ti — le pa-pe — u-ne ra-ve—la fê-te—le zé-ro— u-ne lime—la ta-xe—le pâ-té—du zè-le—u-ne cu-ve—sa mè-re—le dé-fi—u-ne ri-xe.

L'é-co-le — u-ne é-pi-ne — l'a-va-re — le re-mè-de — la do-ru-re — u-ne sa-la-de — l'é-cu-me — la to-pa-ze — le dé-pu-té — u-ne vi-pè-re — le lé-gu-me — l'a-rê-te.

Le jo-li so-fa—la la-me fi-ne—l'a-mi zé-lé—la vé-ri-té pu-re — l'é-tu-de u-ti-le — le cu-ré vé-né-ré—u-ne é-co-le vi-de—le dé-pu-té fi-dè-le le pè-re a-do-ré—l'é-lè-ve ti-mi-de—u-ne ta-xe fi-xe.

Premier procédé. — Le maître dit : *le ca-fé* (en séparant chaque syllabe), mais sans épeler; l'enfant répète, puis *la lune*, et ainsi de suite jusqu'au mot *rixe*.

Deuxième procédé. — Le maître montre le premier mot du deuxième exercice, et dit d'un seul coup *l'école;* l'enfant répète, et ainsi de suite jusqu'au mot *arête*.

Troisième procédé. — L'élève seul dit : *le jo-li so-fa*, d'abord en marquant les syllabes, puis *le joli sofa*, sans repos, et ainsi de suite jusqu'à la fin.

PREMIERE CLASSE. — 7ᵉ Leçon.

Phrases.

Le volume égaré — la fête de papa — la rame du pilote — une robe de bure — la vanité ridicule — la dureté de l'avare — le remède du malade — la rareté de la farine — le zèle du député.

~~~~~~~~~~~~~~

Le curé sera malade — la cabane sera solide — l'âne sera têtu — le pavé a été sali — Caroline va à l'école — la farine a été rare — ma mère a ri — évite la colère — va à la cave — révère ta mère.

~~~~~~~~~~~~~~

Le député sera fidèle — il dira la vérité pure — Adèle a une robe de gaze — l'étude sera utile à l'élève — le navire a été jeté à la côte — le juré fixera la taxe.

~~~~~~~~~~~~~~

Premier procédé. — L'enfant dit sans épeler (mais en marquant les syllabes) : *le vo-lu-me é-ga-ré*, et ainsi de suite jusqu'à la fin du premier exercice.

Deuxième procédé. — L'enfant dit sans marquer les syllabes : *le curé sera malade*, et ainsi de suite jusqu'à la fin du second exercice.

Troisième procédé. — Semblable au précédent pour le troisième exercice.

DEUXIEME CLASSE. — 8ᵉ Leçon.

SYLLABES.

Une voyelle simple et une consonne simple.

ol	il	el*	al	ul
ir	or	ur	ar	er
us	is	as	es	os
ac	oc	ic	uc	ec
if	uf	ef	of	af
ex	ix	»	»	»
ad	ed	»	»	»
op	up	ap	»	»
ig	og	ug	eg	»
mol	fil	tel	bal	nul
s'ir	jor	pur	car	fer
bus	fis	j'as	res	cos
sac	roc	tic	duc	bec
vif	tuf	nef	j'of	s'af
t'ex	mix	s'ad	red	cap
dop	rup	nig	dog	sug

Premier procédé. — Le maître montre *ol* et dit *ol* (sans épeler); l'enfant répète, puis *il*, *el*, et ainsi de suite en suivant d'abord les rangées horizontales, puis les verticales *ol*, *ir*, *us*, etc.

Deuxième procédé. — Second exercice. — Le maître montre *mol* et dit: *me*, *ol*, *mol*, l'enfant répète; puis *fil*, *tel*, et ainsi de suite en suivant les rangées horizontales.

Troisième procédé. — Le maître montre *mol* (sans rien dire), l'enfant dit *mol* d'un seul coup; puis *s'ir*, *bus*, et ainsi de suite de haut en bas.

* *Remarque.* e se prononce é devant une consonne.

DEUXIEME CLASSE. — 2ᵉ Leçon.

Mots.

ar-me	lar-me	gar-nir	ba-zar
u-nir	sor-tir	vo-mir	mû-rir
a-mér	per-du	ver-tu	ser-vir
or-me	bu-tor	cor-de	tor-tu
ur-ne	a-zur	fu-tur	mur
é-gal	fi-nal	cal-me	nor-mal
sol	bol	vol	gol-fe
fil	mil	s'il	vil
nul	bul...	pul...	cul-te
ac-tif	ré-tif	mo-tif	fur-tif
doc-te	ap-te	sec-te	dic-ta
i-ris	ar-gus	ja-dis	fé-lix

Premier procédé. — Le maître montre *larme*, et dit : *le, ar, lar, me, e, me*, larme, l'enfant répète ; puis *garnir, bazar*, et ainsi de suite en suivant les rangées horizontales.

Deuxième procédé. — Le maître montre *larme*, l'enfant dit *larme*, d'un seul coup; puis *unir, amer*, et ainsi de suite de haut en bas.

Troisième procédé. — Le maître montre un mot au hasard, *futur, motif;* l'enfant l'énonce sans épeler, et ainsi de suite.

DEUXIÈME CLASSE. — 3ᵉ Leçon.

Mots.

a-mor-tir	co-car-de	mur-mu-re
bar-ba-re	dé-gar-nir	sur-ve-nir
sur-di-té	ar-tè-re	por-ta-tif
ar-se-nal	fa-cul-té	al-cô-ve
cul-bu-te	a-mi-cal	ré-col-té
in-ac-tif	né-ga-tif	ar-se-nic
ab-so-lu	ob-te-nir	ad-mi-ré
oc-ta-ve	car-na-val	gar-go-te
rep-ti-le	lec-tu-re	duc-ti-le
for-ma-li-té	ca-rac-tè-re	u-ni-for-me
no-mi-na-tif	ap-ti-tu-de	é-car-la-te
ab-sur-di-té	dé-pu-ra-tif	oc-to-go-ne

Premier procédé. — Le maître montre *amortir*, et dit : *a, me, or, mor, te, ir, tir, amortir*, l'enfant répète ; puis *cocarde, murmure*, et ainsi de suite en suivant les rangées horizontales.

Deuxième procédé. — Le maître montre *amortir*, l'enfant dit *a-mor-tir*, sans épeler, mais en marquant les syllabes ; puis *barbare, surdité*, et ainsi de suite, de haut en bas.

Troisième procédé. — Le maître montre un mot au hasard, *négatif, récolte*, l'enfant l'énonce sans épeler, et ainsi de suite.

DEUXIEME CLASSE. — 4ᵉ Leçon.

Phrases.

Le bo-cal—la ver-tu—u-ne ur-ne—le ba-zar—le gol-fe—u-ne cor-de—le mo-tif—la sec-te— du cal-me — l'a-zur — l'ar-se-nal — ma co-car-de — u-ne cul-bu-te — le rep-ti-le — du va-car-me — l'ar-se-nic — la for-tu-ne — la lec-tu-re.

~~~~~~~~~~~~~~~~

Le bal pa-ré—le vol pu-ni—l'or-ga-ne so-no-re—le mur lé-zar-dé—le fer duc-ti-le—la bor-ne du mur — l'ar-se-nic mor-tel — l'u-ni-for-me é-car-la-te — le gar-de i-nac-tif.

~~~~~~~~~~~~~~~~

Le sol cul-ti-vé—le fil du ca-nif—la co-car-de du ma-jor—la bor-ne de la por-te—le roc a-r-ide—la mor-su-re du rep-ti-le—la for-ma-li-té de l'ac-te—la gar-ni-tu-re de la ro-be.

~~~~~~~~~~~~~~~~

Premier procédé. — Le maître montre *le bocal*, et dit : *le bo-cal* (sans épeler, mais en marquant les syllabes), l'enfant répète; puis *la vertu*, et ainsi de suite jusqu'au mot *lecture*.

Deuxième procédé. — Le maître montre et dit : *le bal paré*, sans marquer les syllabes, l'enfant répète, et ainsi de suite jusqu'au mot *inactif*.

Troisième procédé. — Le maître montre la première phrase, et l'enfant dit : *le sol cul-ti-vé*, d'abord en marquant les syllabes, puis sans repos, et ainsi de suite jusqu'à la fin.

DEUXIEME CLASSE. — 5ᵉ Leçon.

Phrases.

Victor va partir—l'animal sera rétif—démolir le mur lézardé — punir le vol — il a volé ma tartine — papa partira mardi—l'aspic a mordu Octave.

Il a culbuté sur la corde — il patinera sur le canal—Médor m'a mordu—garde ta parole—la récolte n'a pu mûrir—l'activité mène à la fortune.

Félix ira à l'école normale — Médor a dormi à côté de la porte — le major a perdu sa cocarde — le malade a été gardé — porte le canif à papa — le caractère de l'élève a été rétif, il sera puni.

Premier procédé. — L'enfant dit, sans épeler, mais en marquant les syllabes : *Vic-tor va par-tir*, et ainsi de suite jusqu'au mot *Octave*.

Deuxième procédé. — L'enfant dit, sans marquer les syllabes, *il a culbuté sur la corde*, et ainsi de suite jusqu'au mot *fortune*.

Troisième procédé. — Semblable au deuxième pour les phrases suivantes.

TROISIEME CLASSE. — 1ʳᵉ Leçon.

Voyelles composées. (1ʳᵉ série.)

eu-œu	se prononce comme dans	feu.
ou	————————	sou.
au	————————	étau.
on-om	————————	bon.
an-am } en-em }	————————	en-can.
in-im	————————	fin.
un-um	————————	lundi.

Exercice.

en, eu, on, ou, an, au, in, un.
un, an, ou, on, eu, en, au, in.
in, au, an, eu, en, on, un, ou.
au, en, eu, an, un, ou, in, on.

Premier procédé. — Le maître montrant *eu*, dit *eu* d'un seul coup, comme dans *feu*, l'enfant répète; puis *ou*, *au*, et ainsi de suite.

Deuxième procédé. — Sur l'exercice. — Le maître fait lire les voyelles composées suivant le sens horizontal, *en*, *eu*, *on*, et ainsi de suite.

Troisième procédé. — Le maître dit : Montrez *an* par a, *en* par e, *in*, *un*, et ainsi de suite. (On ne fera passer à la leçon suivante que lorsque l'enfant connaîtra parfaitement et indiquera, sans hésiter, toutes les voyelles composées.)

TROISIÈME CLASSE. — 2ᵉ Leçon.

SYLLABES.

Une consonne simple et une voyelle composée.

leu	lou	l'an	lon	lan	len	lin	l'un
reu	rou	rau	ron	ran	ren	rin	»
teu	tou	tau	ton	tan	ten	tin	tan
beu	bou	bau	bon	ban	ben	bin	»
peu	pou	pau	pon	pan	pen	pin	»
deu	dou	dau	don	dan	den	din	d'un
veu	vou	vau	von	van	ven	vin	»
feu	fou	fau	fon	fan	fen	fin	fun
meu	mou	mau	mon	man	men	min	mun
neu	nou	nau	non	nan	n'en	nin	»
jeu	jou	j'au	jon	jan	j'en	j'in	»
seu	sou	sau	son	san	s'en	sin	»
zeu	zou	zau	zon	zan	zen	zin	»
»	cou	cau	con	can	»	»	cun
»	gou	gau	gon	gan	»	»	»

Premier procédé. — Le maître montre *leu*, et dit : *le, eu, leu,* l'enfant répète; puis *lon, l'an,* et ainsi de suite en suivant les rangées horizontales.

Deuxième procédé. — Le maître montre *leu*, l'enfant dit *leu* (sans épeler), puis *reu, teu,* et ainsi de suite, de haut en bas.

Troisième procédé. — Le maître montre une syllabe au hasard, *vin, son, peu,* l'enfant l'énonce d'un seul coup, et ainsi de suite.

TROISIEME CLASSE. — 3ᵉ Leçon.

Syllabes.

eu — eul — eur — euf.
œu — » — œur — œuf.
ou — » — our — ouf.

Mots.

meu-le	bau-me	jou-jou	ne-veu
ven-te	li-mon	en-can	au-cun
gou-jon	fau-te	a-veu	mou-ton
pan-tin	lun-di	cou-pon	fen-te
tau-pe	bou-ton	au-ne	mou-lin
pin-son	men-tir	fan-fan	bou-din
jeu-di	ga-zon	pou-le	jau-ne
dan-seur	jour-nal	neuf	dou-leur
seul	con-teur	bour-don	pouf
bon-jour	vœuf	ac-teur	é-tau
vœu	sœur	œuf	bœuf
pom-pe	ram-pe	par-fum	tem-pe
jam-be	tom-be	lam-pe	tam-bour

Premier procédé. — Le maître montre *meule*, et dit : *me, eu, meu, le, e, le, meule*, l'enfant répète ; puis *baume, joujou*, et ainsi de suite.

Deuxième procédé. Le maître montre *meule*, l'enfant dit *meule* d'un seul coup ; puis *vente, goujon*, et ainsi de suite, de haut en bas.

Troisième procédé. — Le maître montre un mot au hasard, *sœur, tambour*, etc., l'enfant l'énonce sans épeler, et ainsi de suite.

TROISIEME CLASSE. — 4ᵉ Leçon.

Mots.

ou-ra-gan	cou-tu-re	le bau-me
gon-do-le	de-man-de	en-ten-du
de-meu-re	gar-de-feu	dé-rou-te
pan-ta-lon	fé-mi-nin	a-ban-don
sou-cou-pe	dé-jeu-né	con-cou-rir
fan-fa-ron	in-ven-té	dé-ten-te
ra-mo-neur	la-bou-reur	con-duc-teur
ran-cu-ne	vo-lon-té	fan-tô-mie
ga-ran-tir	pa-te-lin	sou-ri-re
dé-la-teur	o-ra-teur	sé-duc-teur
re-tom-bé	tam-bou-rin	im-pu-té

Premier procédé. — Le maître montre *ouragan*, et dit : ou, re, a, ra, gue, an, *ouragan*, l'enfant répète ; puis *couture, le baume*, et ainsi de suite en suivant les rangées horizontales.

Deuxième procédé. — Le maître montre *ouragan*, l'enfant dit *ou-ra-gan* (sans épeler), mais en marquant les syllabes ; puis *gondole, demeure*, et ainsi de suite, de haut en bas.

Troisième procédé. — Le maître montre un mot au hasard, *volonté, concourir*, etc., l'enfant l'énonce d'un seul coup, et ainsi de suite.

TROISIEME CLASSE. — 5ᵉ Leçon.

Phrases.

Le mou-lin — la fau-te — un din-don — le tam-bour — ma tan-te — un a-veu — le ga-zon — u-ne lam-pe — la ven-te — un mou-le — ma sœur — du bau-me — un bœuf — la cou-leur — un jour-nal — le gar-de feu — un tam-bou-rin — l'a-mi-don — le ra-mo-neur — la cou-tu-re — u-ne dé-ten-te — le tes-ta-teur.

Le bon vin — un ru-ban neuf — u-ne jeu-ne pou-le — un œuf dur — ton bâ-ton — mon pan-tin — son bou-ton — ma lam-pe — un dan-seur — u-ne pe-ti-te fen-te — le ca-non fon-du — un con-teur ma-lin — lun-di ou jeu-di — son ju-pon jau-ne — le tam-bour.

Le cou du la-pin — la fen-te de la por-te — le feu du four — la ram-pe du bal-con — le bour-don de la tour — mon jeu-ne ne-veu — le pan-ta-lon du sau-teur — une vente à l'en-can — u-ne pin-te de bon vin — u-ne au-ne de ruban jaune — le par-fum de la bor-du-re — le vœu du pé-le-rin.

Premier procédé. — Le maître montre *le moulin,* et dit *le mou-lin,* en marquant les syllabes, l'enfant répète; puis *la faute,* et ainsi de suite jusqu'au mot *testateur.*

Deuxième procédé. — Le maître montre et dit *le bon vin,* sans marquer les syllabes, l'enfant répète; puis *un ruban neuf,* et ainsi de suite jusqu'au mot *tambour.*

Troisième procédé. — Le maître montre la première phrase, l'enfant dit *le cou du la-pin,* d'abord en marquant les syllabes, puis sans repos, et ainsi de suite jusqu'à la fin de la leçon.

1*

TROISIÈME CLASSE. — 6ᵉ Leçon.

Phrases.

Bonjour, ma tante — ma sœur a menti — la poule a pondu — la lampe tombe — ma boule a roulé — il a vendu son pinson — monte à la tour — le lapin a couru — l'ours danse — la foule s'écoule — le mouton saute — va au préau.

La meule du moulin tourne — son neveu a un peu peur — à ton tour, mon ami — tourne le bouton de la porte — demande un sou à ta tante — le laboureur laboure — on m'a raconté un joli conte — écoute le tambour — consulte ton père, mon ami.

On a peur de l'ouragan — on punira ta faute — l'ours monte sur un pin du jardin — le feu a consumé la cabane du laboureur — ma sœur a une robe neuve — le bœuf rumine — il tombe sur la rampe — le buveur a demandé une pinte de bon vin — il a un œuf pour son dîner.

Premier procédé. — L'enfant dit sans épeler, mais en marquant les syllabes : *bon-jour, ma tan-te*, et ainsi de suite jusqu'au mot *préau*.

Deuxième procédé. — L'enfant dit sans marquer les syllabes : *la meule du moulin tourne*, et ainsi de suite jusqu'au mot *ami*.

Troisième procédé. — Semblable au deuxième pour les phrases de l'exercice suivant.

QUATRIEME CLASSE. — 1ʳᵉ Leçon.

Consonnes doubles. (1ʳᵉ série.)

bl	se prononce	ble	comme dans	table.
pl	—	ple	—	simple.
fl	—	fle	—	trèfle.
cl	—	cle	—	boucle.
gl	—	gle	—	ongle.
br	—	bre	—	sabre.
pr	—	pre	—	propre.
fr	—	fre	—	fifre.
cr	—	cre	—	sucre.
gr	—	gre	—	nègre.
dr	—	dre	—	cadre.
vr	—	vre	—	livre.
tr	—	tre	—	titre.

EXERCICE.

cr, pl, br, gl, dr, cl, tr, fl, vr.
bl, pr, cl, gr, fr, vr, pl, tr, dr.
fr, cl, vr, br, pl, bl, dr, pr, fl.
gl, dr, bl, pl, gr, pr, br, cr, tr.

Premier procédé. — Le maître montrant *bl* dit : *ble* d'un seul coup, l'enfant ré pète; puis *pl*, *fl*, et ainsi de suite.

Deuxième procédé. — Sur l'exercice. — L'enfant énonce les consonnes doubles (d'un seul coup), en allant de gauche à droite, *cr*, *pl*, et ainsi de suite.

Troisième procédé — Le maître dit : Montrez *fr*, *cl*, et l'enfant montre et prononce les consonnes demandées.

QUATRIÈME CLASSE. — 2ᵉ Leçon.

SYLLABES.

Une consonne double et une voyelle simple.

bla	blé	bli	blo	blu	ble
pla	plé	pli	plo	plu	ple
cla	clé	cli	clo	clu	cle
fla	flé	fli	flo	flu	fle
gla	glé	gli	glo	glu	gle
pra	pré	pri	pro	pru	pre
bra	bré	bri	bro	bru	bre
vra	vré	vri	vro	vru	vre
fra	fré	fri	fro	fru	fre
gra	gré	gri	gro	gru	gre
cra	cré	cri	cro	cru	cre
tra	tré	tri	tro	tru	tre
dra	dré	dri	dro	dru	dre

Premier procédé. — Le maître montre *bla*, et dit : *ble, a, bla*, l'enfant répète; puis *blé, bli*, et ainsi de suite en suivant les rangées horizontales.

Deuxième procédé. — Le maître montre *bla*, l'enfant dit *bla* d'un seul coup ; puis *pla, cla*, et ainsi de suite, de haut en bas.

Troisième procédé. — Le maître montre une syllabe au hasard, *bri, gle*, l'enfant l'énonce, et ainsi de suite.

QUATRIÈME CLASSE. — 3ᵉ Leçon.

SYLLABES.

Une consonne double et une voyelle double.

eu	ou	au	an	in	on
bleu	blou	»	blan	blin	blon
pleu	plou	plau	plan	plin	plon
cleu	clou	clau	clan	clin	clon
fleu	flou	flau	flan	flin	flon
gleu	glou	glau	glan	glin	glon
preu	prou	prau	pran	prin	pron
breu	brou	brau	bran	brin	bron
vreu	vrou	»	vran	vrin	vron
freu	frou	frau	fran	frin	fron
greu	grou	grau	gran	grin	gron
creu	crou	crau	cran	crin	cron
treu	trou	trau	tran	trin	tron
dreu	drou	drau	dran	drin	dron

Premier procédé. — Le maître montre *bleu*, et dit : *ble*, *eu*, *bleu*, l'enfant répète : puis *blou*, *blan*, et ainsi de suite.

Deuxième procédé. — Le maître montre *bleu*, l'enfant dit *bleu* d'un seul coup ; puis *plen*, *cleu*, et ainsi de suite, de haut en bas.

Troisième procédé. — Le maître montre un mot au hasard, *gran*, *plon*, l'enfant l'énonce, et ainsi de suite.

QUATRIÈME CLASSE. — 4ᵉ Leçon.

Mots.

blé	meu-ble	trou-ble	blâ-me
cri	na-cre	é-crou	cri-ble
plan	sou-ple	plu-me	plâ-tre
li-vre	lè-vre	se-vré	i-vre
froc	frè-re	fi-fre	fron-de
brin	bron-ze	mar-bre	li-bre
clou	dé-clin	so-cle	cla-meur
pré	pru-ne	â-pre	prê-tre
fleur	flû-te	trè-fle	flé-trir
trou	ti-tre	trou-ble	pa-tron
glu	rè-gle	glo-be	glou-glou
dru	per-dre	drô-le	ren-dre
gré	ti-gre	gra-ve	gra-de

Premier procédé. — Le maître montre *meuble* et dit : me, eu, meu, ble, e, ble, meuble, l'enfant répète ; puis *blé*, *trouble*, et ainsi de suite en suivant les rangées horizontales.

Deuxième procédé. — Le maître montre *blé*, l'enfant dit *blé* d'un seul coup ; puis *cri*, *plan*, et ainsi de suite de haut en bas.

Troisième procédé. — Le maître montre un mot au hasard, *déclin*, *patron*, etc., l'enfant l'énonce, et ainsi de suite.

QUATRIEME CLASSE. — 5ᵉ Leçon.

Mots.

pro-blê-me	blâ-ma-ble	mal-pro-pre
é-pin-gle	a-gran-dir	rec-tan-gle
fri-tu-re	dé-fleu-rir	fra-ter-nel
mi-ra-cle	cré-du-le	cri-blu-re
dé-li-vré	en-ten-dre	sur-pren-dre
tri-bu-nal	é-preu-ve	bé-lî-tre
clô-tu-re	ex-trê-me	dé-trac-teur
gra-vu-re	ré-pon-dre	pré-ten-dre
a-gré-a-ble	plé-ni-tu-de	cré-du-li-té

Premier procédé. — Le maître montre *problème*, et dit : *pre, o, pro, ble, ê, blê, me, e, me, problème*, l'enfant répète ; puis *blâmable, malpropre*, et ainsi de suite en suivant les rangées horizontales.

Deuxième procédé. — Le maître montre *problème*, l'enfant dit : *pro-blê-me*, sans épeler, mais en marquant les syllabes ; puis *épingle, friture*, et ainsi de suite de haut en bas.

Troisième procédé. — Le maître montre un mot au hasard, *extrême, crédule*, etc., l'enfant l'énonce sans marquer les syllabes, et ainsi de suite.

QUATRIÈME CLASSE. — 6ᵉ Leçon.

Phrases.

Un trou — u-ne fleur — l'ar-bre — un pa-tron — la bi-ble — un li-vre — du bron-ze — le dé-clin — un prê-tre — le câ-ble — un gra-de — l'or-dre — un pro-blê-me — u-ne fe-nê-tre.

Vo-tre frè-re — l'or-dre pu-blic — mon on-cle — la vi-tre pro-pre — le ca-dran bleu — u-ne tau-pe a-veu-gle — l'ar-bre sou-ple — un brin de chan-vre — un cri é-pou-van-ta-ble.

Le ti-tre du li-vre — u-ne ta-ble mal-pro-pre — un bloc de mar-bre — un ca-dran de bron-ze — la fleur du pré — la pru-ne de l'ar-bre — la ren-te du pau-vre — le dé-clin du jour — un li-tre de vin — cou-vrir la ta-ble.

Premier procédé. — L'enfant dit, sans épeler, mais en marquant les syllabes, *un trou*, puis *u-ne fleur*, *l'ar-bre*, et ainsi de suite jusqu'au mot *fenêtre*.

Deuxième procédé. — L'enfant dit, sans marquer les syllabes, *votre frère*, puis *l'ordre public*, et ainsi de suite jusqu'au mot *épouvantable*.

Troisième procédé. — Semblable au deuxième pour les phrases du dernier exercice.

QUATRIEME CLASSE. — 7ᵉ Leçon.

Phrases.

Le poltron tremble — il pleuvra — l'arbre grandira — ton frère pleure — ouvrir un livre — la plante fleurira — la foudre gronde — brunir de l'or — la grêle dégrade — entendre un fifre — la poutre branle — il a du sucre.

~~~~~~~~~~~~~~

Médor a voulu mordre — préfère l'utile à l'agréable — le fripon se trouble — le menteur se repentira — mon oncle m'a grondé mercredi — le cadre de la gravure sera doré — la frugalité procure la santé.

~~~~~~~~~~~~~~

Paul a rencontré l'autre jour un pauvre — Frédéric a monté sur l'arbre, il a dégringolé — regarde l'ordre admirable de la nature — la grêle a dégradé notre fenêtre — il a répandu de l'encre sur la table, le malpropre.

Premier procédé. — L'enfant dit sans épeler, mais en marquant les syllabes : *le pol-tron trem-ble*, et ainsi de suite jusqu'au mot *sucre*.

Deuxième procédé. — L'enfant dit sans marquer les syllabes : *Médor a voulu mordre*, et ainsi de suite jusqu'au mot *santé*.

Troisième procédé. — Semblable au deuxième pour l'exercice suivant.

CINQUIEME CLASSE. — 1ʳᵉ Leçon.

Voyelles composées (2ᵉ série). *Diphtongues.*

ia se prononce comme dans fiacre.
ié . . . . piéton.
iè . . . . fièvre.
io . . . . fiole.
ui . . . . suite.
ieu . . . . dieu.
ian . . . . viande.
ien . . . . bien.
ion . . . . pion.
oui . . . . fouine.
oin . . . . loin.

EXERCICE.

io, ia, iè, ié, ui, oui, ieu.
oin, ion, io, iè, ien, iè, ian.
oui, ui, ian, ien, ion, ié, oin.
ion, io, oin, oui, ia, ieu, ui.

Premier procédé. — Le maître montrant *ia* dit *ia* (comme dans *fiacre*), l'enfant répète ; puis *ié*, *iè*, et ainsi de suite.

Deuxième procédé. — Sur l'exercice. — Le maître fait lire les voyelles composées suivant le sens horizontal, *io*, *ia*, etc.

Troisième procédé. — Le maître dit : Montrez *ion*, *oui*, l'enfant montre et prononce d'un seul coup la voyelle demandée.

(Cette leçon, qui présente d'abord quelque difficulté, ne devra pas être négligée.)

CINQUIEME CLASSE. — 2ᵉ Leçon.

SYLLABES.

Une consonne simple et une voyelle composée.

ia	ié	io	ui	ieu	ian	ien	ion	oin
»	»	»	lui	lieu	»	lien	lion	loin
»	»	»	rui	»	»	rien	rion	roin
sia	sié	sio	sui	sieu	sian	sien	sion	soin
via	vié	vio	vui	vieu	vian	vien	vion	»
fia	fié	fio	fui	fieu	fian	fien	fion	foin
pia	pié	pio	pui	pieu	pian	pien	pion	poin
bia	bié	bio	bui	bieu	bian	bien	bion	boin
dia	dié	dio	dui	dieu	dian	dien	dion	doin
mia	mié	mio	mui	mieu	mian	mien	mion	moin
nia	nié	nio	nui	nieu	nian	nien	nion	noin
»	»	»	jui	»	»	»	»	join
»	»	»	»	»	»	»	»	goin
»	»	»	cui	»	»	»	»	coin
tia	tié	tio	tui	tieu	tian	tien	»	toin

Premier procédé. — Le maître montre *lui* et dit, *le*, *ui*, *lui*, l'enfant répète ; puis *lieu*, et ainsi de suite.

Deuxième procédé. — Le maître montre *sia*, l'enfant dit *sia* d'un seul coup ; puis *zia*, et ainsi de suite de haut en bas.

Troisième procédé. — Le maître montre un mot au hasard, *dui*, *sion*, l'enfant l'énonce, et ainsi de suite.

CINQUIEME CLASSE. — 3ᵉ Leçon.

SYLLABES.

Une voyelle composée et une consonne simple.

```
  »  —  c  —  f  —  l  —  r
 ia  — iac —  » — ial — iar
 io  — ioc —  » — iol — ior
 ui  —  »  — uif —  »  — uir
ieu  —  »  —  » — ieul— ieur
```

Mots.

lui	jui-ve	é-tui	pui-né
lia-ne	fia-cre	dia-ble	tia-re
dieu	mi-lieu	a-dieu	é-pieu
biè-re	tiè-de	fiè-re	pié-ton
coin	vio-lon	té-moin	fio-le
vian-de	poin-te	sou-tien	poin-teur
re-coin	in-dien	foui-ne	gar-dien
nui-re	juif	a-ïeul	en-fouir
suif	fuir	tié-deur	lion
pen-sion	viol	s'en-fuir	mon-sieur

Premier procédé. — Le maître montre *juive*, et dit : *ju, ui, jui, ve, e, ve, juive*; l'enfant répète, et ainsi de suite.

Deuxième procédé. — Le maître montre *juive*, l'enfant dit *jui-ve*, en marquant les syllabes; puis *lia-ne*, et ainsi de suite.

Troisième procédé. — Le maître montre un mot au hasard, *indien*, *piéton*, l'enfant l'énonce sans marquer les syllabes, et ainsi de suite.

CINQUIEME CLASSE. — 4ᵉ Leçon.

Mots.

con-dui-te	ma-niè-re	pour-sui-te
sou-piè-re	sui-van-te	on-ziè-me
ra-ta-fia	vo-liè-re	sé-dui-re
dou-ziè-me	poin-tu-re	co-mé-dien
join-tu-re	ri-viè-re	in-dui-re
meu-niè-re	ga-lé-rien	or-niè-re
pié-ti-né	a-mi-tié	bien-ve-nu
ta-ba-tiè-re	in-con-dui-te	i-ni-mi-tié
é-con-dui-re	vi-van-diè-re	pé-pi-niè-re

Premier procédé. — Le maître montre *conduite* et dit : que, on, con, de, ui, dui, te, e, te, conduite, l'enfant répète ; puis *manière, poursuite*, et ainsi de suite, en suivant les rangées horizontales.

Deuxième procédé. — Le maître montre *conduite*, l'enfant dit *con-dui-te*, sans épeler, mais en marquant les syllabes ; puis *soupière*, et ainsi de suite, de haut en bas.

Troisième procédé. — Le maître montre un mot au hasard, *rivière, jointure*, l'enfant l'énonce d'un seul coup, et ainsi de suite.

CINQUIEME CLASSE. — 5ᵉ Leçon.

Phrases.

La biè-re — un vio-lon — le sou-tien — au milieu — une tuile — la pitié — u-ne fiole — la sou-piè-re — l'a-mi-tié — de la vian-de — un ga-lé-rien — la pour-sui-te.

~~~~~~~~~~~~~~

Le jo-li vio-lon — le pieu poin-tu — du vin tiè-de — le tien, le mien, le sien — de la vian-de cui-te — le neu-viè-me vo-lu-me — la ri-viè-re ra-pi-de — le dou-ziè-me jour.

~~~~~~~~~~~~~~

Le soin du ma-la-de — le jeu de Siam — le gar-dien de la tour — la fui-te du vo-leur — la poin-te du ca-nif — la cour-se du pié-ton — le suif du bœuf — u-ne pin-te de biè-re — le coin du feu — u-ne la-niè-re de cuir — le foin du pré — il se-ra le on-ziè-me, ou bien le dou-ziè-me.

Premier procédé. — L'enfant dit sans épeler, mais en marquant les syllabes : *la biè-re*, puis *un vio-lon*, et ainsi de suite jusqu'au mot *poursuite*.

Deuxième procédé. — L'enfant dit sans marquer les syllabes : *le joli vio-lon* ; puis *le pieu pointu*, et ainsi de suite jusqu'au mot *jour*.

Troisième procédé. — Semblable au deuxième pour le dernier exercice.

CINQUIEME CLASSE. — 6ᵉ Leçon.

Phrases.

Le jour a lui — la rivière coule — une tuile tombe — on poursuivra le témoin — le malade a la fièvre — adieu, Victor — adieu, ma sœur — il perdra mon amitié — on a pitié d'un pauvre aveugle — il a bu de la bière — fuir le joueur et le menteur — le suif tache.

~~~~~~~~~~~~~~~~

Le voleur sera bien puni de sa faute — la portière a égaré sa tabatière — le comédien a bien déclamé son rôle — on a voulu séduire un témoin — la jardinière te conduira à la pépinière — il sera le soutien de son père — l'ours a fui de sa tanière — Julien a répandu du suif sur la rampe.

~~~~~~~~~~~~~~~~

Médor a poursuivi un lapin bien loin — ma sœur a un joli étui de cuivre jaune — le galérien a tué son gardien ; il a fui, on l'a poursuivi, il a été ramené de suite à la tour ; on aura bien soin de lui.

Premier procédé. — L'enfant dit : *le jour a lui*, en marquant les syllabes; puis *une tuile tombe*, et ainsi de suite jusqu'au mot *tache*.

Deuxième procédé. — L'enfant dit, sans marquer les syllabes, *le voleur sera bien puni de sa faute*, et ainsi de suite jusqu'au mot *rampe*.

Troisième procédé. — Semblable au deuxième pour le dernier exercice.

SIXIEME CLASSE. — 1ʳᵉ Leçon.

Consonnes doubles. (2ᵉ série.)

ph prononcez fe comme dans triomphe.
ch . . . . . . che . . . . . riche.
gn . . . . . . gne . . . . . vigne.
gu . . . . . . gue . . . . . guenille.
qu . . . . . . que . . . . . querelle.
ill . . . . . . ieu (mouillé) feuille.

~~~~~~~~~~~~~

st . . . . . . ste . . . . . poste.
sc . . . . . . sque . . . . fisc.
sp . . . . . . spe . . . . . jaspe.
ps . . . . . . pse . . . . . éclipse.
phr . . . . . fre . . . . . camphre.
chr . . . . . cre . . . . . chrême.
phl . . . . . fle . . . . . phlogistique.
chl . . . . . cle . . . . . chlore.
sch . . . . . che . . . . . schisme.

Exercice.

ph, gu, qu, gn, ill, ch, ph, gn, qu, gu, ill, ch, gu, qu.
ps, ch, st, gu, sc, ill, sp, ph, ps, gn, sc, gn, st, gu.
phr, ph, chl, ch, gu, sch, qu, chr, gn, phr, ill, ph, ch.

Premier procédé. — Le maître montre *ph*, et dit *fe*, l'enfant répète; puis *ch*, *gn*, et ainsi de suite.

Deuxième procédé. — Sur l'exercice. — L'enfant énonce (d'un seul coup) les consonnes doubles *ph*, *gu*, en allant de gauche à droite.

Troisième procédé. — Le maître dit : Montrez *qu*, *ill*, l'enfant montre et prononce les consonnes demandées.

SIXIEME CLASSE. — 2ᵉ Leçon.

SYLLABES.

Une consonne double et une voyelle simple,

a	é	i	o	u	e
pha	phé	phi	pho	phu	phe
cha	ché	chi	cho	chu	che
gna	gné	gni	gno	gnu	gne
gua	gué	gui	»	»	gue
qua	qué	qui	quo	»	que
illa	illé	illi	illo	illu	ille
sta	sté	sti	sto	stu	ste
spa	spé	spi	spo	spu	spe
sca	»	»	sco	scu	»

Premier procédé. — Le maître montre *pha*, et dit : *fe, a, fa,* l'enfant répète ; puis *phé, phi,* et ainsi de suite.

Deuxième procédé. — Le maître montre *pha,* l'enfant dit *fa,* d'un seul coup ; puis *cha, gna,* et ainsi de suite de haut en bas.

Troisième procédé. — Le maître montre une syllabe au hasard, *illo, che,* l'enfant l'énonce, et ainsi de suite.

SIXIEME CLASSE. — 3ᵉ Leçon.

SYLLABES.

Une consonne double et une voyelle composée.

eu	ou	au	an am	in im	on
»	»	»	phan	phin	phon
cheu	chou	chau	cham	chin	chon
gneu	gnou	»	gnan	gnin	gnon
gueu	»	»	guan	guin	guon
qu'eu	qu'ou	qu'au	qu'am	qu'im	qu'on
illeu	illou	illau	illan	illin	illon
steu	stou	stau	stan	stin	ston
speu	spou	spau	span	spin	spon
»	scou	scau	scan	»	scon

Premier procédé. — Le maître montre *cheu*, et dit : *che, eu, cheu*, l'enfant répète ; puis *phan, phin*, et ainsi de suite.

Deuxième procédé. — Le maître montre *phan*, l'enfant dit, d'un seul coup, *fan* ; puis *cham, gnan*, et ainsi de suite, de haut en bas.

Troisième procédé. — Le maître montre au hasard une syllabe, *chau, spon*, l'enfant l'énonce, et ainsi de suite.

SIXIEME CLASSE. — 4ᵉ Leçon.

Voyelles composées (3ᵉ série). *Diphtongues.*

oi	se prononce comme dans	foi.
ai ⎫ ei ⎭	. . . .	mai.
ay	se prononce é-i comme dans	pays.
ey	. . . . . é-i	grasseyer.
oy	. . . . . oi-i	royal.

Exercices.

ai , ay , oi , oy , ei , ey.
oy , ei , ay , ai , ey , oi.
ei , ay , oi , ey , ai , oy.
oi , io , ei , ié , ai , ia.
ié , ei , io , oi , ai , ia.

Complément de la troisième leçon.

stri, illir, spas, gnac, choc, phos, chlo, chri, stan, qu'il.
chef, schis, ques, gnol, prau, splen, sphé, quif, illac.
guir, chif, ster, char, pneu, phra, scal, scri, mné.

Premier procédé. — Le maître montre *oi*, et dit *oi* (comme dans *foi*) : l'enfant répète ; puis *ai*, *ei*, *ay* (qu'il fera prononcer *é-i*), et ainsi de suite.

Deuxième procédé. — Sur l'exercice. — Le maître montre et fait lire les voyelles composées *ai*, *ay*, etc., et suivant le sens horizontal d'abord, puis de haut en bas, *ai*, *oy*, *ei*, etc.

Troisième procédé. — Le maître dit : Montrez *ey*, *oi*, l'enfant montre et énonce la voyelle demandée.

(On ne ferait passer à la leçon suivante que lorsque l'enfant connaîtra parfaitement et indiquera, sans hésitation, toutes les voyelles de la troisième série.)

SIXIEME CLASSE. — 5ᵉ Leçon.

SYLLABES.

Une consonne simple et une voyelle composée.

ai	ay	oi	oy	ei	ey
lai	lay	loi	loy	lei	»
rai	ray	roi	roy	rei	»
tai	tay	toi	toy	tei	»
nai	n'ay	noi	noy	nei	»
mai	m'ay	moi	moy	mei	»
bai	bay	boi	boy	bei	»
dai	day	doi	doy	dei	»
pai	pay	poi	poy	pei	»
fai	fay	foi	foy	fei	»
vai	vay	voi	voy	vei	»
zai	zay	zoi	zoy	zei	»
j'ai	j'ay	joi	joy	jei	»
gai	gay	goi	goy	»	»
cai	cay	coi	coy	»	»
sai	say	soi	soy	sei	sey

Premier procédé. — Le maître montre *lai*, et dit : *le, ai, lai*, l'enfant répète ; puis *lay, loi*, et ainsi de suite.

Deuxième procédé. — Le maître montre *lai*, l'enfant dit *lai*, d'un seul coup ; puis *rai, tai*, et ainsi de suite, de haut en bas.

Troisième procédé. — Le maître montre une syllabe au hasard, *pei, roy*, l'enfant l'énonce, et ainsi de suite.

SIXIEME CLASSE. — 6ᵉ Leçon.

SYLLABES.

Une consonne double et une voyelle composée.

oi	ay	ai	oy	ay	oi	oy	ai
bloi	blay	blai	»	»	groi	»	grai
ploi	»	plai	ploy	tray	troi	troy	trai
cloi	clay	clai	cloy	cray	croi	croy	crai
»	»	flai	»	»	droi	droy	drai
gloi	»	glai	»	»	choi	choy	chai
proi	»	prai	»	»	»	»	phai
broi	»	brai	broy	qu'ay	quoi	qu'oy	quai
»	»	vrai	»	»	»	»	guai
froi	fray	fray	froy	»	»	»	gnai
»	»	»	»	»	illoi	illoy	illai

Premier procédé. — Le maître montre *bloi*, et dit : *ble*, *oi*, *bloi*, l'enfant répète ; puis *blay* (qu'on prononcera *blé-i*), et ainsi de suite.

Deuxième procédé. — Le maître montre *bloi*, l'enfant dit *bloi*, d'un seul coup ; puis *ploi*, et ainsi de suite, de haut en bas.

Troisième procédé. — Le maître montre un mot au hasard, *gnai*, *fray*, l'enfant l'énonce, et ainsi de suite.

SIXIEME CLASSE. — 7ᵉ Leçon.

Syllabes.

ai — air — » — »
oi — oir — oif — »

Mots.

che-val	co-chon	blan-chir	prê-cheur
vi-gne	mi-gnon	rè-gne	si-gnal
sa-phir	pha-re	dau-phin	phé-nix
do-gue	gui-de	lan-gue	guê-pe
pa-ille	rou-ille	ca-ille	feu-ille
bri-que	qua-tre	ban-que	li-queur
po-ste	pi-ston	va-ste	pla-stron
scri-be	cri-stal	splen-deur	chré-tien
chaî-ne	fray-eur	plei-ne	cray-on
gloi-re	noy-é	é-moi	broy-a
tuy-au	ba-lai	croi-re	plai-ne
chlo-re	schis-me	psau-me	sphè-re
mou-choir	ch-air	soif	pei-gnoir

Premier procédé. — Le maître montre cheval, et dit : che, e, che, va, al, val, cheval, l'enfant répète, puis cochon, et ainsi de suite.

Deuxième procédé. — Le maître montre cheval, l'enfant dit che-val, en marquant les syllabes; puis vigne, et ainsi de suite, de haut en bas.

Troisième procédé. — Le maître montre un mot au hasard, bille, crayon, l'enfant l'énonce, et ainsi de suite.

SIXIEME CLASSE. — 8ᵉ Leçon.

Exceptions.

y après une consonne se prononce i comme dans style.
ill se prononce quelquefois il ——— ville.

Mots.

L'astérisque * indique les mots où *ill* est mouillé.

sty-le	bruy-è-re	ty-ran	ploy-é
vill-e	*fa-mill-e	tran-quill-e	*che-vill-e
mar-ty-re	nym-phe	sym-bo-le	sys-tê-me
*gue-nill-e	con-si-gne	pro-di-gue	sei-gneur
ma-choi-re	or-phe-lin	dé-ni-cha	bla-sphê-me
pho-spho-re	*cha-tou-illé	tri-om-phe	re-cher-cha
qui-con-que	fa-bri-que	é-qui-té	quan-ti-té
re-trai-te	ba-lay-é	fon-tai-ne	dé-blay-a
roy-au-me	cha-noi-ne	croy-a-ble	toi-tu-re

Premier procédé. — Le maître montre *bruyère*, et dit : *bre, ui-i, brui-i, è, re, e, re, bruyère*, l'enfant répète, puis *style*, *tyran* (ti-ran), *ployé* (ploi-i-é) et ainsi de suite.

Deuxième procédé. — Le maître montre *bruyère*, l'enfant dit, *brui-iè-re*, en marquant les syllabes; puis *famille*, et ainsi de suite.

Troisième procédé. — Le maître montre un mot au hasard, l'enfant l'énonce, et ainsi de suite.

SIXIEME CLASSE. — 9ᵉ Leçon.

Phrases.

Le pha-re — un pei-gne — un chou-fleur — la guê-pe — u-ne bri-que — j'ai — la loi, le roi — un noy-au — le ray-on — ma pei-ne — le sto-re — un mons-tre — le scru-tin — un mar-tyr — u-ne ba-lei-ne — le ma-ré-chal — la ville — u-ne coqu-ille — le no-tai-re — un psau-me — ma li-gne — la loy-au-té — u-ne é-toi-le — un cray-on — u-ne guen-ille — la qua-li-té — un my-stè-re — un é-tei-gnoir.

~~~~~~~~~~~~~~~

La chan-son du ma-ré-chal — un coq de bruy-è-re — le pha-re é-clai-re — un pei-gne d'éca-ille — u-ne é-toi-le fi-xe — la gueu-le du do-gue — j'ai de la mé-moi-re — la bû-che de chê-ne — u-ne plai-ne fer-ti-le — le tour de la vil-le — ins-cri-re u-ne stro-phe — l'in-tri-gue épi-sto-lai-re — la sphè-re ron-de — de la toi-le à voi-le — un noy-au de pê-che — le my-stè-re dé-voi-lé.

~~~~~~~~~~~~~~~

Voi-là un ri-che pays — le roy-au-me d'Es-pa-gne — u-ne vi-lai-ne en-sei-gne — le do-gue a a-boy-é, va voir, Char-les — le mou-choir mou-ill-é — cha-cun chi-ca-ne — la guê-pe pi-que — le té-lé-gra-phe de la tour — u-ne é-toi-le fi-xe — le rè-gne de la loi — la fray-eur du ty-ran — u-ne fi-gue mû-re — ai-de-toi, je t'ai-de-rai.

Premier procédé. — L'enfant dit, en marquant les syllabes : *le pha-re é-clai-re ;* puis *un chou-fleur*, et ainsi de suite, jusqu'au mot *éteignoir*.

Deuxième procédé. — L'enfant dit, sans marquer les syllabes, *la chanson du maréchal*, et ainsi de suite jusqu'au mot *dévoilé*.

Troisième procédé. — Semblable au deuxième pour le dernier exercice.

SIXIEME CLASSE. — 10ᵉ Leçon.

Phrases.

La vigne se taille — inscrire le souscripteur — Victoire a déchiré son mouchoir de poche — ma piqûre saigne — toute peine mérite salaire — le scribe du ministre — le pauvre orphelin a été renvoyé — on m'a chatouillé — je serai bien aimable — j'ai une petite coquille — j'irai à la ville — on ouvre la grille — une méchante guêpe a piqué Adolphe — le notaire a payé l'amende.

Garde une poire pour la soif — voilà une bien touchante épitaphe — la quête sera abondante — mon médaillon a été rouillé — écoute le signal de la marche — le symbole du chrétien — éloigne ton cheval de la vigne — il m'a tutoyé, on l'a payé, ensuite on l'a renvoyé.

Le martyr de la foi — la vache couche sur la paille — le luxe a ruiné le riche, tandis qu'au contraire il a enrichi le pauvre — j'ai été voir l'autre jour une fabrique de toile à voile — on l'a cru un phénix — la chenille fourmille dans la charmille — la petite fille ira à la ville avec sa famille — le distillateur distille la liqueur à la vanille — mettre un village au pillage.

Premier procédé. — L'enfant dit, en marquant les syllabes, *la vi-gne se ta-ille*, et ainsi de suite, jusqu'au mot *l'amende*.

Deuxième procédé. — L'enfant dit, sans marquer les syllabes, *garde une poire pour la soif*, et ainsi de suite jusqu'au mot *renvoyé*.

Troisième procédé. — Semblable au deuxième pour les phrases du troisième exercice.

2*

SEPTIEME CLASSE. — 1re Division.

1re LEÇON. — Lettres nulles.

Voyelles.

a est nul devant in comme dans pain-pin.
a est encore nul dans quelques mots : août, taon-ou-ton.
e est nul devant in comme dans plein-plin.
e ———— au ———— peau-pau.
e est encore nul devant an, un comme dans Jean, jeun-jan-jun.
e est encore nul à la fin de certains mots : vue, joie-vu-joi.
o est nul dans quelques mots : paon, faon-pan-fan.
i ————————— oignon-ognon.

Exercice.

ain, ue, ean, oie, aon, eau, ie, ein, eun.
aie, aon, ie, ein, ue, eun, ain, oie, eau.
ué, ui, eau, ié, ie, ain, oie, aie, aon.

Premier procédé. — Le maître montre la première ligne, et dit à l'enfant : *a* est nul devant *in*, comme dans *pain* (pin); celui-ci répète, puis la seconde ligne de même, et ainsi de suite.

Deuxième procédé. — Le maître montre le mot *pain*, l'enfant dit : *pe, in, pin*; puis *août*, et ainsi de suite.

Troisième procédé. — Sur l'exercice. — Le maître dit : Montrez *ue, oie, aon* (u-oi-on); l'enfant montre et énonce le son demandé.

SEPTIEME CLASSE. — 1re Division.

2e LEÇON.

Lettres nulles. — *Voyelles*.

Mots.

l'eau	pain	je paie	un paon
joue	ta-bleau	main	tein-dre
étain	jo-lie	taon	lieue
sein	faim	plain	plaie
levain	plein	il tue-ra	nou-veau
cha-peau	ain-si	vain-cu	la grue
août	i-vraie	pou-lain	plain-te
ca-veau	con-vain-cu	il re-mue	il paie-ra
oie	joie	proie	il ploie-ra
un oignon	em-poi-gné	douai-riè-re	en-coi-gnu-re

Premier procédé. — Le maître montre *l'eau*, et dit : *le*, *o*, *lo*, l'enfant répète ; puis *pain*, *je paie*, et ainsi de suite.

Deuxième procédé. — Le maître montre *l'eau*, l'enfant dit d'un seul coup *lo*; puis *joue*, et ainsi de suite, de haut en bas.

Troisième procédé. — Le maître montre un mot au hasard, *proie*, *faim*; l'enfant l'énonce, et ainsi de suite.

Remarque. Dans les mots où *e* est muet à la fin du mot, la voyelle qui le précède a un son plus prolongé, *jolie*, *lieue*.

SEPTIEME CLASSE. — 1re Division.

1re LEÇON.

Lettres difficultueuses.

Œ se prononce é comme dans œdeme.

Mots.

œsophage—œdème—œcuménique

k se prononce que comme dans nankin.

Mots.

moka—nankin—kiosque
kalmouck—alkali—kilomètre

h est toujours nul : hibou, malheur, ah! prononcez : ache

Mots.

heu-re	rhu-me	ah	mal-heur
ha-che	mé-tho-de	rhu-bar-be	hé-las
tra-hir	sou-hai-ta	en-rhu-mé	cathé-dra-le
co-hue	ha-meau	hé-ris-son	hou-ille

Premier procédé. — Le maître montre œ, et dit é ; il montre k et dit que, l'enfant répète ; puis il fait lire les mots en œ, en k, en h, et ainsi de suite.

Deuxième procédé. — Le maître montre heure, et dit : eu-re, l'enfant répète ; puis rhume (ru-me), huile (ui-le), et ainsi de suite.

Troisième procédé. — Le maître montre un mot au hasard dans le tableau, hélas, souhaita, l'enfant l'énonce, et ainsi de suite.

SEPTIEME CLASSE. — 1re Division.

4e LEÇON. — *Phrases.*

Le sou-ve-rain bo-nheur — la Saô-ne, ri-viè-re — un beau châ-teau — j'ai-me le ca-fé mo-ka — un pein-tre ha-bi-le — le jou-eur joue-ra — la co-hor-te har-die — Jean va à la ca-ve — un oi-gnon gâ-té — le bain re-froi-di — u-ne é-pée ti-rée — le char ca-ho-té — œ-cu-mé-ni-que ou u-ni-ver-sel — le ta-on pi-que.

~~~~~~~~~~~~~~~~

Un drapeau tricolore — un pantalon de nankin — la durée de la pluie — la drogue de l'apothicaire — un seau d'eau fraîche — Jéhovah veut dire Dieu en langue hébraïque — la tortue remue — la honte de la faute — le peuple kalmouck habite la grande Tartarie — le bateau va sur l'eau — on tiendra mon chapeau — on hache de la viande — on joue à la toupie.

~~~~~~~~~~~~~~~~

Le traître aura honte d'avoir trahi sa patrie — Charles fera sa rhétorique l'an prochain — On a empoigné le voleur caché dans l'encoignure — L'airain se forme de cuivre jaune mêlé d'étain — Le peintre barbouille un vilain tableau — Demain je prendrai un bain d'une heure — on paiera l'armée.

Premier procédé. — L'enfant dit, en marquant les syllabes, *le sou-ve-rain bo-nheur* (et non pas bon-heur), puis *la Saône* (Sône), *rivière*, et ainsi de suite jusqu'au mot *pique*.

Deuxième procédé. — L'enfant dit, sans marquer les syllabes, *un drapeau tricolore*, et ainsi de suite jusqu'au mot *toupie*.

Troisième procédé. — Semblable au deuxième pour le troisième exercice.

SEPTIEME CLASSE. — 2ᵉ Division.

1ʳᵉ LEÇON.
Lettres nulles (*Consonnes*).

Consonnes nulles dans les mots.

ll	ne valent qu'un	l	comme dans	a*l*lumé.
rr	. . . . . ,	r	. . . .	a*r*rivé.
ff	. . . . .	f	. . . .	a*f*faire.
nn	. . . . .	n	. . . .	a*n*née.
mm	. . . . .	m	. . . .	po*m*me.
ss	. . . . .	s	. . . .	a*s*sassin.
cc	. . . . .	c	. . . .	a*c*cablé.
pp	. . . . .	p	. . . .	a*p*pui.
bb	. . . . .	b	. . . .	a*b*bé.
gg	. . . . .	g	. . . .	a*g*graver.
tt	. . . . .	t	. . . .	a*t*taché.
c	est nul suivi de	q	comme dans	a*c*quérir.
m	. . . . .	n	. . . .	auto*m*ne.
p	. . . . .	t	. . . .	com*p*te.
g	. . . . .	t	. . . .	doi*g*té.

Premier procédé. — Sur les consonnes redoublées. Le maître montre *ll*, et dit *ll double a la valeur de l simple;* l'enfant répète, etc.

Deuxième procédé. — Sur les mots. — Le maître montre *allumé*, l'enfant dit : *a-lu-mé*, en marquant les syllabes, et ainsi de suite.

Troisième procédé. — Le maître montre un mot au hasard, *compte*, *abbé*, l'enfant l'énonce, et ainsi de suite.

SEPTIEME CLASSE. — 2ᵉ Division.

2ᵉ LEÇON.
Lettres nulles (*Consonnes*).

Consonnes nulles à la fin des mots.

s est nul à la fin des mots, comme dans	repa*s*-*repa*.
z	ne*z*-*né*.
l	outi*l*-*outi*.
c	ban*c*-*ban*.
d	ni*d*-*ni*.
g	san*g*-*san*.
p	dra*p*-*dra*.
r	monsieu*r*-*mosieu*.
t	solda*t*-*solda*.
x	pri*x*-*pri*.
b	plom*b*-*plon*.
ct	instin*ct*-*instin*.
gt	doi*gt*-*doi*.
fs	bœu*fs*-*beu*.
ls	pou*ls*-*pou*.
st	Jésu*s*-Chri*st*-*Jézu-Cri*.
ds	fon*ds*-*fon*.
nt nul à la 3ᵉ personne plurielle des verbes:	ils aime*nt*-*aime*.

Premier procédé. — Le maître montre *s*, et dit : *se est nul à la fin des mots*, l'enfant répète ; puis *z*, *l*, et ainsi de suite.

Deuxième procédé. — Le maître montre *repos*, l'enfant dit *repo* ; puis *nez* (*né*), et ainsi de suite.

Troisième procédé. — Le maître montre un mot au hasard, *pouls*, *soldat*, l'enfant l'énonce, et ainsi de suite.

SEPTIEME CLASSE. — 2ᵉ Division.

3ᵉ LEÇON.

Lettres nulles (*Consonnes*).

DANS LES MOTS.		A LA FIN DES MOTS.	
co*l*le	pupi*l*le	escro*c*	taba*c*
ba*rr*e	ca*rr*eau	bari*l*	persi*l*
gre*ff*e	éto*ff*e	cle*f*-elé	œu*f* dur
ta*nn*eur	éto*nn*é	bra*s*	jamai*s*
go*mm*e	co*mm*un	profi*t*	avoca*t*
a*cc*ordé	o*cc*upa	voi*x*	épou*x*
na*pp*e	écho*pp*e	san*g*	faubour*g*
ra*bb*in	sa*bb*atine	galo*p*	lou*p*
aba*tt*u	bo*tt*ine	moin*s*	fau*x*
chasseu*r*	ra*ss*uré	jon*c*	accro*c*
to*nn*e	a*cc*ordé	chau*d*	froi*d*
ra*ll*uma	pota*ss*e	salu*t*	jamai*s*
biga*rr*ure	a*pp*rocha	elles aime*nt*	ils porte*nt*
da*m*né	ba*p*tême	ils joue*nt*	elles envoie*nt*
san*g*sue	pro*m*ptitude	elles voudraie*nt*	ils fuie*nt*

Premier procédé. — Le maître montre *colle*, l'enfant dit *cole*; puis *pupille*, et ainsi de suite pour les deux colonnes de gauche.

Deuxième procédé. — Le maître montre *escroc*, l'enfant dit *escro*; puis *tabac* (taba), et ainsi de suite pour les deux colonnes de droite.

Troisième procédé. — Le maître montre un mot au hasard, *clef*, *potasse*, l'enfant l'énonce, et ainsi de suite.

SEPTIEME CLASSE. — 2ᵉ Division.

3ᵉ Leçon. — *Phrases.*

La bonne étoffe — le baptême du chrétien — la patte du chat — le grand faubourg — la bourre du fusil — le nid d'alouette — le discours de l'avocat — le chaud et le froid — le long du bois — allons aux champs — la nappe bigarrée — le riche acquéreur — le condamné honteux — le rang du soldat — le galop du cheval — la mousse de la palissade — l'automne pluvieux — une barre de fer — l'échoppe du sculpteur.

~~~~~~~~~~~~~~

La pommade du coiffeur — le loup abattu — la bécasse du chasseur — trop de beurre — la gomme commune — la voix du malheureux — l'approche du tonnerre — le long de l'étang — le malheur accable — j'occupe une salle basse — il faut punir le gourmand — il ne sera pas sourd à mon avis — il a mis son cheval au galop — on m'a donné une grosse poire molle — entends-tu ? on crie au secours.

~~~~~~~~~~~~~~

Porte le broc sur le banc, là-bas — il aura un prix l'année prochaine — on nous a donné une jatte de lait frais — l'hiver on a froid ; l'été il fait chaud — d'un coup de poing il a fait jaillir le sang — une sangsue a piqué Louis auprès de l'étang — ma sœur a la fièvre, son pouls bat bien fort — si tu veux, nous irons au bois après la classe — il a acquitté sa dette.

Premier procédé. — L'enfant dit, en marquant les syllabes, *la bo-ne éto-fe*, et ainsi de suite jusqu'au mot *sculpteur*.

Deuxième procédé. — L'enfant dit, sans marquer les syllabes, *la pomade du coifeur*, et ainsi de suite jusqu'au mot *secours*.

Troisième procédé. — Semblable au deuxième pour les phrases du dernier exercice.

SEPTIEME CLASSE. — 3ᵉ Division.

Iʳᵉ LEÇON.

Voyelles et sons changeant de valeur.

e a quelquefois la valeur de a comme dans femme.
e . . . . é . . . . nez.
en . . . . in . . . . . moyen.
eu . . . . u . . . . . j'ai eu.
um . . . . ome . . . . album.
ail . . . se prononce comme dans . . . corail.
eil . . . . soleil.
ueil }
euil } . . . . deuil.

Mots.

femme	hennir	solennité	insolemment
assez	chantez	venez	arrêtez
hymen	gluten	mentor	abdomen
j'ai eu	tu as eu	nous eûmes	ils eurent
bail	conseil	travail	soleil
orgueil	fauteuil	recueil	écureuil
indemnité	assez	ardemment	européen
accueil	vermeil	écueil	abeille

Premier procédé. — Mots. — Le maître montre *femme*; l'enfant dit *fame*, puis *hennir* (*hanir*), et ainsi de suite.

Deuxième procédé. — Le maître montre *femme*, l'enfant dit *fame* d'un seul coup; puis *assez*, et de haut en bas.

Troisième procédé. — Le maître montre un mot au hasard, *recueil*, *gluten*, l'enfant l'énonce, et ainsi de suite.

SEPTIEME CLASSE. — 3ᵉ Division.

2ᵉ LEÇON. — *Phrases.*

Un éventail — le cheval hennit — le paon *est* rempli d'orgueil, ne l'imitez pas — j'entends le rossignol — un mur mitoyen — la sangsue pique — l'abeille nous fournit le miel — j'ai eu bien peur — ils ont eu soif, on leur eût bien donné du vin, s'ils avaient eu de l'argent — voilà un joli recueil — le soleil éclaire l'univers.

Le menteur répond insolemment — allez et revenez bientôt — on extrait du froment une pâte nommée gluten — on lui a fait bon accueil — Mentor guidait Télémaque — Henri saigne au nez, il perd tout son sang — l'écureuil saute sur le fauteuil — on plante l'ail — l'opium enivre — il a eu tort.

On a donné un bel album à Léon — Benjamin a menti, on le punira sévèrement — les sénateurs romains s'assemblaient au Forum — le paresseux fuit le travail; punissez-le — on extrait le rhum de la canne à sucre.

Premier procédé. — L'enfant dit, en marquant les syllabes, *un é-ven-tail*; et ainsi de suite jusqu'au mot *l'univers.*

Deuxième procédé. — L'enfant dit, sans marquer les syllabes, *le menteur répon insolaman*, et ainsi de suite.

Troisième procédé. — Semblable au deuxième pour le dernier exercice.

SEPTIÈME CLASSE. — 3ᵉ Division.

3ᵉ LEÇON.

Sons et consonnes changeant de valeur.

es a souvent la valeur de e à la fin des mots, comme dans plumes.
er . . . . é . . . . rocher.
es a quelquefois la valeur de è comme dans . . . . les.

c se prononce. . . . . se devant e, i, comme dans ceci.
g . . . . je . . . . sage.
s . . . . ze entre deux sons . . . rose.
t . . . . se devant io, ia, etc. . . . . . ration.
x se prononce quelquefois ze comme dans . . . . sixième.
x . . . . gze . . . . exil.
x . . . . se . . . . soixante.
ch . . . . que . . . . écho.
qu . . . . cu . . . . quintuple.
qu . . . . cou . . . . équateur.
gn . . . . guene (rapidement) . . . stagnant.
gu . . . . gu . . . . aiguille.

il est mouillé à la fin de quelques mots . . . . péril.
ç se prononce toujours . . . se comme dans . . . . leçon.
ï se prononce toujours séparément, comme dans naïf.

Premier procédé. — Le maître montre *plumes*, l'enfant dit *plume*; *rocher*, l'enfant dit *roché*; *les*, l'enfant dit *lè*.

Deuxième procédé. — Le maître montre *ceci*, l'enfant dit *sesi*; *sage*, l'enfant dit *saje*; *rose*, l'enfant dit *roze*, et ainsi de suite jusqu'au bas de la leçon.

Troisième procédé. Le maître montre un mot au hasard, *stagnant* (staguenan); *écho* (éco), l'enfant l'énonce, etc.

SEPTIÈME CLASSE. — 3ᵉ Division.

4ᵉ LEÇON. — *Mots.*

berger	chercher	hiver	parier	enfer
les	roses	des	plumes	noires
poules	ressources	tortues	ressort	alarmes
pouces	cicatrice	circulaire	espèce	circonstance
juge	régime	rougeole	pigeon	gageure
				ju
je songeai	tu songeas	nous songeons	vous songeâtes	songeant
cousu	épouse	brodeuse	église	déserteur
portion	factieux	essentiel	partial	ineptie
prophétie	action	initial	substantiel	impartiaux
exil	soixante	examen	Auxerre	deuxième
orchestre	technique	choléra	patriarchal	archange
kes	tec	co	cal	can
questeur	quadrature	équilatéral	équateur	équestre
cues	coua	cui	coua	cues
stagnant	igné	inexpugnable	régnicole	diagnostic
guenau	guené	guena	gueni	gueno
arguer	aiguille	gnomon	aiguiser	gnostique
gu	gu	gueno	gu	gueno
péril	grésil	babil	cil	avril
ri-ie	zi-ie	bi-ie	ci-ie	vri-ie
leçon	effaça	gerçure	soupçon	façade
naïf	héroïque	faïence	aïeul	naïveté

Premier procédé. — Le maître montre *berger, chercher*; l'enfant dit : *bergé, chershé*, et ainsi de suite en suivant les rangées horizontales.

Deuxième procédé. — Le maître montre *berger*, puis *les, pouces, juge*, l'enfant dit : *bergé, lè, pouce*, etc., de haut en bas.

Troisième procédé. — Le maître montre un mot au hasard, *aiguille, examen*, l'enfant l'énonce, et ainsi de suite.

SEPTIÈME CLASSE. — 3ᵉ Division.

5ᵉ LEÇON. — *Phrases.*

Des plumes neuves — un rocher sur le bord de la mer — les paroles frivoles — les robes blanches de mes sœurs — rechercher les études solides — être fier, c'est ressembler aux sots — ceci et cela — l'engelure et la gerçure — le citron acide — la tige de la giroflée — une large cicatrice — du gigot et de la gibelotte — la cigale et le ciron.

∼∼∼∼∼∼∼∼∼∼

Le besoin et le désir — un pigeon et un esturgeon — l'église et le diocèse — la faction et la désertion — causer une surprise — la précaution essentielle — le juge impartial — le sixième examen — la ration substantielle — l'exil de soixante ans — l'écho du rocher — un triangle équilatéral — le choléra funeste — le quadrupède féroce.

∼∼∼∼∼∼∼∼∼∼

Le mot technique — une statue équestre — l'orchestre nombreux — la quadrature du cercle — l'eau stagnante — une aiguille fine — le signe diagnostic — l'acte argué de faux — le péril imminent — la leçon facile — un poêle de faïence — le mois d'avril — le soupçon effacé — un aïeul héroïque.

Premier procédé. — L'enfant dit : *de plu-me neu-ve*, en marquant les syllabes, et ainsi de suite jusqu'au mot *ciron*.

Deuxième procédé. — L'enfant dit, sans marquer les syllabes, *le bezoin et le dézir*, et ainsi de suite jusqu'au mot *féroce*.

Troisième procédé. — Semblable au deuxième pour les phrases du dernier exercice.

SEPTIEME CLASSE. — 3ᵉ Division.

6ᵉ Leçon. — *Phrases.*

La mer bat le rocher — j'aime les plumes dures — le boucher vend fort cher — regarde ces édifices — planter un pommier, un poirier, un pêcher — mes pommes, ses cerises, tes noisettes — la cicatrice du général — diriger un cortège — l'audace de la puce — le régime rigide — rétrécir une ceinture — un sincère éloge — éclaircir un doute — le pigeon est agile.

~~~~~~~~~~~

Une rose rouge — la désertion du factionnaire — refuser un sile — le quotient de la division — la cloison de la masure — l'ineptie des factieux — balbutier une mauvaise excuse — Félix est le deuxième, moi le sixième, Charles le dixième — écoute l'écho — nous sommes soixante-dix à l'école — j'ai eu bien peur du choléra — le pauvre exilé pleure dans l'exil — l'orchestre du théâtre — saint Michel, archange.

~~~~~~~~~~~

Un quadrupède est un animal à quatre pieds — une statue équestre est une statue à cheval — l'équateur se nomme aussi ligne équinoxiale — les trois côtés d'un triangle équilatéral sont égaux — l'eau stagnante est impure — on aiguise un sabre — les Ignicoles adorent le feu — les aiguilles piquent; les anguilles nagent — il brave le péril — on a conçu un injuste soupçon — il effaça l'inscription de la façade — j'aime la naïveté — j'admire l'héroïsme — cessez votre babil.

Premier procédé. — L'enfant lit, en marquant les syllabes, *la mer ba le ro-ché*, et ainsi de suite jusqu'au mot *agile*.

Deuxième procédé. — L'enfant dit, sans marquer les syllabes, *une roze rouje*, et ainsi de suite jusqu'au mot *archange* (arkange).

Troisième procédé. — Semblable au deuxième pour les phrases du dernier exercice.

SEPTIEME CLASSE. — 4ᵉ Division.

Iʳᵉ LEÇON.

Sons et consonnes changeant de valeur.

d se prononce à la fin de quelques mots, comme dans sud.
g . . . . joug.
p . . . . cep.
s . . . . vis.
t . . . . dot.
x . . . . phénix.
z . . . . gaz.
st . . . . Christ.
rg . . . . bourg-bourk.
rf . . . . nerf.
rs . . . . mars.
rc . . . . parc.
sc . . . . fisc.
ct . . . . direct.

Premier procédé. — Le maître montre *sud*, et dit : *de* se prononce à la fin de quelques mots ; l'enfant dit d'un seul coup *sude*, et ainsi de suite.

Deuxième procédé. — L'enfant lit *sude*, puis *jougue*, et ainsi de suite.

Troisième procédé. — Le maître montre un mot au hasard, *fisc*, *gaz*, l'enfant l'énonce, et ainsi de suite.

SEPTIÈME CLASSE. — 4ᵉ Division.

2ᵉ LEÇON.

Sons et consonnes changeant de valeur.

cc se prononce quelquefois cse comme dans vaccine.
gg . . . . gje . . . . . . suggestion.
sc . . . . se . . . . . . scène.

~~~~~~~~~~~~~~

ll se prononce quelquefois séparément, comme dans satellite.
dd . . . . addition.
tt . . . . guttural.
mm . . . . mammifère.
nn . . . . innover.

~~~~~~~~~~~~~~

tion se pron. quelq. tion au lieu de sion comme dans digestion.

ent { se prononcent quelquefois an comme dans le couvent.
{ . . . . e—les poules couvent.

Premier procédé. — Le maître montre *vaccine*, et dit : que double se prononce quelquefois *kse* (rapidement), l'enfant dit, en séparant les syllabes, *vac-si-ne*, et ainsi de suite.

Deuxième procédé. — Le maître montre *vaccine*, l'enfant dit d'un seul coup : *vaccine*, puis *suggestion* (*sugjestion*).

Troisième procédé. — Le maître montre un mot au hasard, *digestion*, *guttural*, l'enfant l'énonce, et ainsi de suite.

SEPTIEME CLASSE. — 4ᵉ Division.

3ᵉ LEÇON. — *Mots*.

cens	brut	fœtus	index	cap
granit	atlas	laps	subit	silex
iris	fat	maïs	luth	prospectus
est (orient).	busc	abject	nerf	bourg (k)
exact	Christ	fisc	mars	correct
allusion	guttural	ennui	reddition	mammifère
innover	satellite	addition	pittoresque	rébellion
immoral	enmancher	immortel	emmaillotter	immense
succession	suggéra	disciple	vaccine	science
question	faction	combustion	édition	suggestion
nation (ti)	digestion (ti)	fraction (ti)	indigestion (ti)	élection (ti)
nous portions (ti)	des portions	nous sortions (ti)	des sections	nous restions (ti)
des mentions	nous mentions	des rations	nous notions	des notions
inscription	subvention	accusation	séduction	arrestation
ils parlent	le parlement	elles couvent	le couvent	ils président
un présent (le)	ils présentent (te)	un accent (ve)	ils prennent (ne)	un président (de)

Premier procédé. — Le maître montre *cens*; l'enfant dit *cense*, et ainsi de suite en suivant les rangées horizontales.

Deuxième procédé. — Le maître montre *cens*, puis *granit* (granite), l'enfant énonce d'un seul coup, et ainsi de suite de haut en bas.

Troisième procédé. — Le maître montre un mot au hasard, l'enfant l'énonce, et ainsi de suite.

SEPTIÈME CLASSE. — 4ᵉ Division.

4ᵉ LEÇON.

Du granit brut — un arc-en-ciel — le maïs, blé de Turquie — le cap Horn est situé au nord de l'Amérique — le cens et le fisc — un homme exact — le livre mis à l'index — l'as de cœur — le gaz hydrogène — de l'or mat — les vents d'est et d'ouest — le grand parc — le busc du corset — le mois de mars — le prospectus du libraire.

~~~~~~~~~~~~~~~

L'accent guttural — mourir d'ennui — la touchante allégorie — le moniteur intelligent — le Magasin pittoresque — arrêter la rébellion — le héros immortel — la succession de l'avare — suggérer un conseil — l'orient est opposé à l'occident — les sciences cultivées — la vaccine salutaire — la conscience pure.

~~~~~~~~~~~~~~~

Une belle action — une mauvaise digestion — une juste citation — une adroite question — une riche édition — une rapide combustion — une grande nation — une bonne gestion.

Nous portions des portions.	Nous notions des notions.
Nous inventions des inventions.	Nous affections des affections.
Nous objections des objections.	Nous mentions dans les mentions.

Il est content — ils content — le différent — ils diffèrent — un expédient — ils expédient.

Ils prennent un accent	Ils présentent un présent
Les présidents président	Les négligents négligent
Les poules couvent	On soutient le patient.
Dans le couvent	On retient l'impatient.

Premier procédé. — L'enfant dit : *du gra-nite brute*, en marquant les syllabes, et ainsi de suite jusqu'au mot *libraire*.

Deuxième procédé. — L'enfant dit d'un seul coup, *l'ac-sen gut tu-ral*, et ainsi de suite jusqu'au mot *pure*.

Troisième procédé. — Même procédé pour les deux derniers exercices (sur lesquels on insistera longtemps).

SEPTIÈME CLASSE. — 4ᵉ Division.

5ᶜ LEÇON.

Exercice sur h muette ou aspirée.

(L'astérisque * placé en tête des mots indique l'h aspirée.)

les haillons	une heure	un hasard	l'homme
l'herbe	les harnais	l'honneur	les héros
un hautbois	l'habit	les haricots	l'horloge
l'histoire	les harengs	les héritiers	la houlette
la halle	l'hôpital	le hâle	les habitans
l'horloger	un hibou	l'héroïne	les hardes
le hangar	un hymne	les hochets	l'humilité
l'heureux	du houx	l'habileté	le hideux
une harpe	de l'huile	une hache	s'habiller

Premier procédé. — Le maître montre et dit : *les haillons*, h aspirée ; l'enfant répète ; puis *une heure*, et il dit *une heure*, h muette ; l'enfant répète également, et ainsi de suite en suivant les rangées horizontales.

Deuxième procédé. — Le maître montre *les haillons* ; l'enfant dit *les haillons*, puis *l'herbe*, et ainsi de suite de haut en bas.

Troisième procédé. — Le maître montre un mot au hasard, *le hideux*, *un hymne*, l'enfant l'énonce, et ainsi de suite.

SEPTIÈME CLASSE. — 4ᵉ Divison.

6ᵉ LEÇON.

œil *prononcez* ouil hymne im-ne gangrène cangrène	œillet euillet gymnase gymnaze alguasil goua	vermicelle chelle idem idème ciguë cigu	Second Se-gon décennal décen-nal abbaye abé-i

NOMS
D'HOMMES.		GÉOGRAPHIQUES.	
Montaigne *prononcez* montagne	Colomb côlon	Nevers ne-vère	Aix è-ce
de Staël de stal	Guttemberg gutiu-ber-gue	Maëstricht ma-stric	Ephraïm éfra-ime
Œdipe édipe	Bayard ba-i-ar	Aisne ène	Bourg-neuf bour-neuf
Mahomet ma-o-mé	Malesherbes malezèrbe	Enghien en-gui-in	Clugny cluni
Descartes dè-carte	Regnault renau	Mayence ma-ian-ce	Niemen nié-mè-ne
Duguesclin du-guè-clin	Regnard renar	Groënland gro-in-lan	Metz mè-ce
Guise gu-ise	Necker nè cre	Emaüs é-ma-uce	Alsace alzace
Esaü é-za-u	Jean-Bart jan-bar	Reims rin-ce	Auxerre au-cè-re
Newton neu-ton	Lancaster lancastre	Guadeloupe gouadeloupe	Caen can
Moïse mo-ize	Washington oua-ging-ton	Agen ajin	Chersonèse kersonèze
Rubens rubin-ce	Shakespeare chè-k-spire	Hérault hé-rô	Auch auche
Caïn ca-in	L'hospital lo-pi-tal	Marengo marin-go	Bruxelles bru-cè-le

Premier procédé. — Le maître montre *œil*, et dit *euil* (en suivant la prononciation placée sous le mot), l'enfant répète, et ainsi de suite.

Deuxième procédé. — L'enfant seul énonce les mots irréguliers d'abord, puis les noms d'hommes et géographiques.

Troisième procédé. — Le maître montre un mot au hasard, l'enfant l'énonce, et ainsi de suite.

SEPTIEME CLASSE. — 4ᵉ DIVISION.

7ᵉ LEÇON. — ALPHABET USUEL.

Différentes formes de lettres.

MAJUSCULES.
{ A B C D E F G H I J K L M
a bé cé dé é éfe gé ache i ji ca éle ème
N O P Q R S T U V X Y Z.
ène o pé cu ère èce té u vé icse i-grec zède }

ORDINAIRES.
{ a b c d e f g h i j k l m
n o p q r s t u v x y z }

ITALIQUES.
{ *a b c d e f g h i j k l m
n o p q r s t u v x y z* }

GOTHIQUES.
{ a b c d e f g h i j k l m
n o p q r s t u v x y z }

Signes de ponctuation et autres.

-,-   -;-   -:-   -.-   -?-

virgule. point-virgule. deux points. point. point d'interrogation.

-!-   -'-   ( )   [ ]   —

point d'exclamation. apostrophe. parenthèses. crochets. tiret.

« »   §   .....

guillemets. paragraphe. points suspensifs.

Principales abbréviations.

Mr... monsieur.	Mgr... monseigneur.	V. S... votre seigneurie.
M.... monsieur.	le Sr... le sieur.	C.-A.-D... c'est-à-dire.
MM... messieurs.	S. M... sa majesté.	N. B... *nota bene* (remarquez).
Mme... madame.	S. A. S... son altesse sérénissime.	P. S... *post-scriptum.*
Mlle. mademoiselle.	S. A. R... son altesse royale.	Ex... exemple.
Me... maître.	S. E... son excellence.	ETC. *et cætera* (et le reste).
Md... marchand.	S. S... sa sainteté (le pape).	

Procédé unique. — L'enfant énoncera d'abord les lettres des quatre alphabets (en suivant la prononciation soulignée), puis on lui fera indiquer les signes de ponctuation ; enfin il s'exercera aux abbréviations qui terminent. (On fera bien de faire réciter l'alphabet de mémoire.)

HUITIEME CLASSE. — 1re DIVISION.

Liaison des mots.

1. Pour lier deux mots, il faut les prononcer comme s'ils n'en formaient qu'un seul.
2. Cette liaison n'est possible que lorsque le premier mot est terminé par un *e* muet ou une consonne, et que le second mot commence par une voyelle ou un *h* muette.

Elision.

3. Quand le premier mot finit par un *e* muet, on lie sa dernière articulation à la voyelle qui commence le second mot, sans tenir compte de l'*e* muet.

    grande affaire *prononcez* gran-daffaire
    rêve enchanteur————————rê-venchanteur
    porte ouverte——————————por-touverte
    brave homme————————————bra-vhomme
    source impure————————————sour-cimpure
    plaine aride——————————————plai-naride
    vigne arrachée——————————vi-gnarrachée
    fabrique utile————————————fabri-cutile
    peigne édenté——————————————pei-gnédenté
    buche équarrie——————————bu-chéquarrie
    triomphe heureux——————triomp-heureux

Exceptions.

4. Il n'y a pas de liaison entre deux mots :
    1°. Si l'*e* muet du premier mot précède une autre voyelle,

journée entière
vigie active
pensée affreuse ;

2°. Si le second mot commence par un *h* aspirée,
une harangue
noble héros
rendre hardi
sombre hangar
pauvre haridelle.

Consonnes.

5. L, R, C, F, se lient presque toujours à la voyelle suivante :

fol espoir	*prononcez*	fo-lespoir
bel habit		bè-l'habit
nouvel ami		nouvè-l'ami
désir ardent		dési-rardent
cour ouverte		cou-rouverte
porter envie		porté-renvie
léger esquif		légè-resquif
aimer à lire		aimè-ralire
mur écroulé		mu-récroulé
roc aride		ro-caride
duc et pair		du-ké-pair
frac échancré		fra-kéchancré
nef élevée		nè-félevée
sauf avis		sau-favis
soif ardente		soi-fardente.

Exceptions.

6. Les adjectifs en *er* ne se lient jamais :

    portier actif *prononcez* portié actif
    sentier étroit————————sentié-étroit
    foyer ardent————————foyé-ardent.

7. *L* nul à la fin du premier mot ne se lie pas au second :

    fusil à piston
    outil usé.

8. *F* dans *neuf* se prononce *V* à la liaison :
    neuf ans *prononcez* neu-vans.

9. La liaison de *C* à la fin d'un mot n'est pas toujours de rigueur :

    tabac à fumer *prononcez* taba-cafumer.
Le tabac est plus nuisible qu'utile————le taba est, etc.

10. *M* ne se lie qu'à la fin des mots en *um* (ome) :
    album élégant *prononcez* albo-mélégant.

11. *N* ne se lie que dans les mots où il est impossible de ne pas marquer le repos :

    bon ami *prononcez* bo-nami.
    un arbre————————un-narbre
    en avant————————en-navant

3 *

bien aimable *prononcez* bien-naimable.
certain homme———————certain-nhomme.

Exception.

12. Il n'y a point de liaison si l'on peut observer le repos entre les deux mots :

> bon ou mauvais
> fin ou grossier
> pain ou vin
> crin alongé
> soin étranger.

13. *B* ne se lie jamais.
> plomb homicide *prononcez* plon homicide.

14. *Z*, *S*, *X*, se prononcent *Z* à la liaison :
> chantez encore *prononcez* chanté-zencore
> les hommes———————lé-zhommes
> faux ami———————fau-zami
> chez Antoine———————ché-zantoine
> viens ici———————vien-zici
> dix heures———————di-zheures

15. *D* se prononce *T* à la liaison :
> grand homme *prononcez* gran-thomme
> entend-il———————enten-til
> froid aux pieds———————froi-taux pieds
> il répond à tout———————il répon-tatout
> quand irez-vous———————quan-tirez-vous.

Exception.

16. Lorsque *D* à la fin d'un mot est précédé de *R*, c'est *R* qui se lie :
  poignard aigu *prononcez* poignar-raigu.
  sourd et muet————————sou-ret muet
  accord utile————————accor-rutile.

17. *G* se prononce *que* à la liaison :
  rang élevé *prononcez* ran-kélevé
  long âge————————lon-kâge
  sang auguste————————san-kauguste.

18. *Q* et *K* se prononcent toujours :
  coq hardi *prononcez* co-kardi
  brick avarié————————bri-kavarié.

19. *P* se lie dans peu de mots :
  trop aimable *prononcez* tro-paimable
  cep arraché————————cé-parraché.
 beaucoup apprendre *prononcez* beaucou-papprendre.

Exception.

20. *P* se prononce dans coup affreux — cou-paffreux.
 Il ne se prononce pas dans le coup est porté —
        le cou est porté.

21. *T* se lie presque toujours :
  Il vient ici *prononcez* il vien-tici
  il faut écrire————————il fau-técrire
  ils sont attendus————————ils son-tattendus

il s'est approché   *prononcez*   il s'è-tapproché
ils reviennent aujourd'hui —— ils revienne-taujour-
d'hui
se repent-il ———————— se repen-til
le serpent affamé ———— le serpen-taffamé
doit et avoir ——————— doi-tet avoir.

1re *Exception*.

22. Quand *T* à la fin d'un mot est précédé de *R*, c'est *R* qui se lie :

    mort infâme   *prononcez*   mo-rinfâme
    sort affreux ——————— so-raffreux
    port assuré ———————— po-rassuré.

23. Cependant *T* se lie dans quelques verbes conjugués interrogativement :

        sort-il ?
        court-elle ?

2e *Exception*.

24. *T* ne se lie pas dans les mots dont la dernière syllabe commence par *T* :

    instinct heureux   *prononcez*   instin-heureux
    trait audacieux ——————— trai-audacieux.

25. Il ne se lie pas non plus dans les mots terminés par *ect*, c'est alors le *c* qui se lie :

    respect humain   *prononcez*   respè-kumain
    aspect enchanteur ———— aspè-kenchanteur.

Cependant *ct* se lie dans abject et vil, strict au devoir.

3e *Exception*.

26. *Et* ne se lie jamais :

        Lui et un autre

Paul et André
riche et avare
sage et innocent.

---

27. En général, on peut dire des consonnes que la liaison se fait toujours :

28. 1°. Quand elles ne sont pas nulles à la fin du mot :

Exil affreux
avenir incertain
parc étendu
juif errant
un habit
allez-y
vous êtes aimable
six hommes
qu'attend-il
long avenir
cap avancé
fat impudent.

29. 2°. Lorsque les mots sont tellement liés qu'on ne peut observer le moindre repos entr'eux :

Cet ami
beaux arts
perd-elle
très-aimable.

30°. Mais dans les mots où l'on peut observer quelque repos, la liaison n'est pas de rigueur.

L'usage seul peut apprendre les exceptions nombreuses négligées dans cet exercice.

Usage de la ponctuation.

Dans aucun cas, les signes de ponctuation ne devront être énoncés par l'enfant.

Voici quelles règles pourront le guider pour les repos à observer dans les lectures courantes :

1°. Pour une virgule, on s'arrêtera légèrement (le temps de dire : *un*);

2°. Pour deux points et pour un point-virgule, on s'arrêtera un peu plus long-temps (le temps de dire : *un, deux*);

3°. Pour un point, on observera un repos sensible (le temps de dire : *un, deux, trois, quatre*).

HUITIÈME CLASSE. — 2ᵉ Divison.

LECTURE COURANTE.
Premières connaissances.

La terre que nous habitons a la forme d'une boule. C'est le soleil qui lui procure la lumière et la chaleur. Quand nous voyons le soleil, nous disons qu'il fait jour; quand le soleil éclaire la partie de la terre opposée à celle que nous habitons, nous ne le voyons plus : c'est alors le moment de la nuit. Quelque temps avant le lever du soleil, il commence à faire jour : c'est l'aurore. Quand le soleil disparaît le soir, il ne fait pas nuit immédiatement, surtout en été, c'est le crépuscule.

Les jours les plus longs de l'année sont du quinze au vingt juin : le soleil ne se couche qu'à huit heures et quelques minutes, et se lève quelques minutes avant quatre heures du matin.

Les jours les plus courts sont du dix-huit au vingt-six décembre, le froid est souvent très rigoureux à cette époque, c'est la saison des neiges et des glaces, comme le printemps est celle de la verdure et des fleurs.

Dans la mythologie ou histoire fabuleuse des divinités païennes, le printemps est représenté sous la figure d'un beau jeune homme, le front entouré de guirlandes de fleurs; l'été sous la forme d'une belle femme, portant une gerbe d'épis et tenant une faucille à la main; l'automne est figuré par un homme d'un âge mûr, couronné de pampre et de raisins; l'hiver est représenté sous la forme d'un vieillard tremblant et réchauffant ses mains glacées.

Notre année se compose de douze mois, qui sont : janvier, février, mars, avril, mai, juin, juillet, août, septembre, octobre, novembre et décembre.

Une semaine est de sept jours, qui sont : lundi, mardi, mercredi, jeudi, vendredi, samedi et dimanche. Le dimanche est le jour consacré au repos.

Dans une année il y a cinquante-deux semaines; les mois ont trente ou trente-un jours; les sept mois de trente-un jours sont : janvier, mars, mai, juillet, août, octobre et décembre. Les autres mois ont trente jours, à l'exception de février, qui a ordinairement vingt-huit jours, et vingt-neuf jours tous les quatre ans.

Une année est ordinairement composée de trois cent soixante-cinq jours, et de trois-cent soixante-six jours, quand le mois de février a vingt-neuf jours. Lorsque l'année a trois cent soixante-six jours, on l'appelle bissextile. Cinq ans forment un lustre; cent années forment un siècle.

Il y a dans chaque année quatre saisons : le printemps qui commence en mars; l'été en juin, l'automne en septembre, et l'hiver en décembre. L'année commence le premier janvier.

HUITIEME CLASSE. — 2ᵉ Division.

PREMIÈRES CONNAISSANCES.

Terre.

Le sol ou croûte du globe est presque partout recouvert d'une couche de terre qu'on nomme végétale, parce qu'elle est propre à nourrir des végétaux ; au-dessous se trouvent des argiles, des sables, de la craie, ou des corps plus ou moins durs, qu'on nomme pierres : ces pierres sont en couches placées les unes sur les autres, elles forment des rochers, des montagnes. Les pierres brisées et réduites en poudre produisent les différentes terres.

Eau.

L'eau tombe de l'air sous forme de pluie ; elle passe à travers les fentes des rochers ; elle sort des montagnes en sources plus ou moins abondantes ; elle coule en ruisseaux à la surface du sol ; ces ruisseaux se joignent et produisent les rivières et les fleuves qui vont se jeter dans la mer. La mer est une grande étendue d'eau qui couvre à peu près les deux tiers du globe terrestre ; son eau est salée.

Le froid fait geler l'eau, et la chaleur la transforme en vapeur.

HUITIEME CLASSE. — 2ᵉ Division.

PREMIÈRES CONNAISSANCES.

Air.

L'air est une matière très légère, que produit le vent par son agitation, qui colore le ciel en bleu, qui soutient les nuages, d'où tombent la pluie, la neige, la grêle, où brille l'éclair et où gronde le tonnerre.

L'homme ni les animaux ne peuvent vivre sans respirer l'air; les plantes elles-mêmes ne pourraient s'en passer.

Le son se propage dans l'air avec rapidité. C'est l'air qui fait tourner les moulins à vent, qui pousse les vaisseaux, qui soutient les oiseaux et les cerfs-volant ; sans l'air, nous ne pourrions faire de feu ; l'air forme autour de la terre une couche nommée atmosphère.

Feu.

Un corps est en feu lorsqu'il est chaud et lumineux tout à la fois ordinairement; il s'élève de ce corps une vapeur qui brûle dans l'air, c'est la flamme. La portion du corps qui se dissipe dans l'air, sans brûler, produit la fumée; la fumée qui se dépose et s'accumule forme la suie.

Les sauvages allument du feu en frottant rapidement deux morceaux de bois l'un contre l'autre. En frappant vivement un caillou avec un briquet d'acier, les parcelles d'acier qui se détachent brûlent et enflamment l'amadou sur lequel on les reçoit.

HUITIEME CLASSE. — 2ᵉ Division.

PREMIÈRES CONNAISSANCES.

Lumière.

La lumière nous vient du soleil pendant le jour, de la lune et des étoiles pendant la nuit.

Nous nous en procurons d'artificielles par la combustion de l'huile, du suif, de la cire et du gaz.

Les miroirs réfléchissent la lumière et donnent les images des objets.

Il y a en France des vers lumineux ou luisans; et en Amérique des insectes qui portent une espèce de lanterne sur leur tête. Le bois pourri et le phosphore répandent une faible lueur pendant la nuit, de même que certaines pierres qui ont été exposées au soleil. En frottant deux morceaux de sucre dans l'obscurité, on aperçoit ausi une lueur.

Diverses parties du corps des animaux contiennent du phosphore. Si un animal est enfoui dans une terre humide, ou au fond d'un marais, il peut arriver que le phosphore contenu dans le corps de l'animal s'en dégage, uni au gaz hydrogène. Ce gaz s'enflamme de lui-même, aussitôt qu'il arrive dans l'air. Telle est l'origine des feux follets qui effraient tant les habitans des campagnes.

HUITIEME CLASSE. — 5e Division.

MÉTAUX. — *Fer*.

Le fer est, sans contredit, le métal le plus utile aux hommes; on le trouve répandu dans la nature avec une abondance proportionnée à son utilité. Le fer est très dur, il est ductile, c'est-à-dire, qu'on peut le réduire en fils très-minces. On ne trouve presque jamais le fer pur, il est toujours mélangé à d'autres substances; il s'appelle alors minerai. Il existe en France beaucoup de minerais de fer.

Pour dépouiller le minerai des parties étrangères avec lesquelles il est combiné, on le met en contact avec le charbon dans un vaste fourneau. Quand le fer est ainsi fondu, on le coule dans des moules de sable; alors il s'appelle fonte. La fonte en fer coulé est une matière fusible et cassante. C'est avec la fonte qu'on fait les marmittes, les plaques de cheminées, les bombes, etc. La fonte est fondue de nouveau dans un second fourneau appelé fourneau d'affinage. Le métal que l'on retire du fourneau est sous la forme de grumeaux; on rassemble ces grumeaux en une seule masse que l'on porte sous le martinet : c'est un énorme marteau qui sert à forger le fer en barres.

On obtient l'acier en mettant le fer forgé en contact avec de la poussière de charbon, à une température très élevée. Par ce moyen, le fer est très dur et très élastique. C'est avec l'acier que l'on fait les instrumens de coutellerie, de chirurgie, et les ressorts de voitures, de montres, etc.

La boussole, au moyen de laquelle les marins dirigent leurs vaisseaux au milieu des mers, n'est autre chose qu'une aiguille de fer aimanté qui se dirige toujours vers le nord.

HUITIEME CLASSE. — 3ᵉ Division.

MÉTAUX. — *Plomb, Etain, Zinc.*

Le *plomb* est un métal d'un blanc bleuâtre, mou, fusible à une faible température, et très pesant. Il s'en faut pourtant de beaucoup qu'il soit le plus lourd des métaux, comme on le croit assez généralement. Les principales mines de plomb sont exploitées en Angleterre et en Allemagne; la France en possède quelques-unes. On emploie ce métal à de nombreux usages; il faut bien se garder de mettre du vin ou du vinaigre dans des vases de plomb, il pourrait en résulter de graves accidens.

L'*étain* est un métal d'un blanc d'argent, plus dur que le plomb, très faible et très léger. On en fait des brocs, des cuillères, des fourchettes, des assiettes, etc. On peut mettre du vin et du vinaigre dans les vases d'étain, sans craindre les inconvéniens qui résultent de l'emploi du plomb pour le même usage. L'étain, allié au plomb, constitue la soudure des plombiers; réduit en lame mince et amalgamé avec le mercure, il forme le *tain* des glaces et des miroirs. Le *fer blanc* n'est autre chose que de la tôle (feuille de fer), recouverte d'une couche d'étain fondu. Nous avons des mines d'étain en France; mais elles sont peu considérables : les principales sont situées dans l'Inde, en Amérique, en Angleterre et en Allemagne.

Le *zinc* est un métal d'un blanc bleuâtre, et plus dur que l'étain; il est malléable (peut s'étendre sous le marteau), fusible et volatil. Il peut remplacer le plomb pour couvrir les édifices.

HUITIEME CLASSE. — 2ᵉ Division.

MÉTAUX. — *Cuivre*.

Les principales mines de *cuivre* sont celles d'Angleterre, de Russie, de Suède, d'Autriche, du Japon et d'Amérique. La France ne possède que celle de Cheny, près de Lyon. Le cuivre pur est un métal rougeâtre, très malléable, sonore, mais susceptible d'être altéré par les acides les plus faibles, même par la seule humidité de l'air, qui le couvre d'un oxide vert, redoutable par ses effets terribles et connu sous le nom de *vert de gris*.

On fabrique avec le cuivre des chaudrons, des casseroles, et beaucoup d'ustensiles de cuisine. Comme on courrait les plus grands risques en préparant les alimens dans des vases de cuivre, on revêt ces vases, dans l'intérieur, d'une couche mince d'étain fondu ; c'est ce qu'on appelle *étamer*. Pour éviter l'empoisonnement par le vert de gris, il faut laver les casseroles à l'eau bouillante, avant de s'en servir, et surtout ne jamais y laisser refroidir les alimens.

Allié au *zinc*, le cuivre forme le *laiton* ou cuivre jaune. Uni à l'étain, il forme l'airain des cloches, des canons, des gros sous, des statues, etc.

On trouve quelquefois, dans les mines, du cuivre métallique naturel, mais il est en petites masses. Le minerai de ce métal, le plus communément répandu, est un composé de cuivre, de soufre et de fer. On le rencontre en masses assez considérables ou filons.

HUITIÈME CLASSE. — 2ᵉ Division.

MÉTAUX. — *Argent, Or, Platine.*

L'*argent* est un métal blanc, sonore, susceptible, comme l'or, d'être réduit en fils d'une grande finesse, et ne se fondant qu'à une haute température. On le trouve quelquefois en masse ou bloc d'un volume considérable; mais on l'extrait le plus habituellement d'autres substances avec lesquelles il est combiné. Les principales mines d'argent sont celles du Pérou et du Mexique. On emploie l'argent à faire un grand nombre d'ouvrages d'orfèvrerie; nos pièces de monnaie de cinq francs, de deux francs, d'un franc, de cinquante et de vingt-cinq centimes sont en argent; la livre pesant d'argent vaut cent francs.

L'*or* est le plus précieux de tous les métaux : il est jaune, très malléable, très tenace, très dur, très pesant et presqu'inaltérable. Les principales mines d'or sont en Amérique. Pour accroître la dureté de l'or, on l'allie à une petite quantité de cuivre ou d'argent. Nos monnaies d'or et d'argent contiennent un dixième d'alliage, et par conséquent neuf dixièmes de fin : c'est ce qu'on appelle leur titre. Dans l'orfèvrerie, les bijoux, suivant leur destination, contiennent plus ou moins d'alliage, la livre pesant d'or vaut environ quinze cent cinquante francs.

Le *platine* est un métal d'un gris d'acier, que l'on trouve au Brésil et dans la Sibérie. Sa propriété d'être inattaquable par le feu, l'air et les acides, le rend très précieux dans les arts.

HUITIÈME CLASSE. — 2ᵉ Division.

HYGIÈNE.

L'hygiène est l'art de conserver la santé. C'est une vertu encore plus qu'un art, puisqu'elle consiste presque entièrement dans l'absence des passions violentes, des excès et des vices qu'elles engendrent, dans la sagesse des désirs et la prudence de la conduite, dans l'exercice modéré de l'esprit et du corps, dans la propreté, dans la régularité du régime.

Habitations. — La meilleure exposition pour les bâtimens est celle du levant, la plus mauvaise celle du nord; les arbres et les murs seront assez éloignés pour ne pas intercepter l'air, la lumière et les rayons du soleil. On doit craindre le voisinage des marais, des eaux où l'on fait rouir le chanvre, des voiries, des cimetières et de certaines fabriques. On évite de coucher dans les rez-de-chaussée, surtout dans les contrées et par les temps humides. Quand on y est forcé, il faut en élever le sol au-dessus du terrain, ne fût-ce que d'un pied, enduire les murs de mortier au lieu de plâtre. Un plancher, sous lequel on établit un courant d'air, est un des meilleurs préservatifs de l'humidité. Les chambres d'habitation devraient avoir au moins trois mètres (*neuf pieds environ*) de hauteur et une étendue proportionnée au nombre de personnes qui y logent. Il est nuisible d'habiter celles qui sont nouvellement bâties ou récemment peintes.

HUITIEME CLASSE. — 2ᵉ Division.

HYGIÈNE (*suite*).

On doit laisser, aussi souvent que la saison et le temps le permettent, les fenêtres des appartemens ouvertes. Dans les pièces où l'on couche, on les tient fermées pendant la nuit; on tire les lits des alcôves et l'on ouvre les rideaux. Rien n'est plus malsain que d'élever des animaux dans les chambres à coucher; d'y faire sécher du linge, de s'y chauffer avec des braisières, d'y conserver des fleurs odorantes.

Les cuisines seront bien aérées, bien éclairées; les fourneaux seront sous une hotte de cheminée ou y communiqueront par des tuyaux. La plus grande propreté régnera dans les habitations des hommes et dans celles des animaux; on en éloignera les fumiers. Les eaux ménagères, les eaux savonneuses et les ordures ne doivent séjourner ni dans les cours ni dans les rues.

Les lieux d'aisances seront bien aérés, on en lavera les murs et le sol avec une dissolution de chlorure de chaux, et on y laissera un vase contenant de ce chlorure en poudre. Les mêmes moyens seront employés pour assainir les lieux et les objets infects.

HUITIEME CLASSE. — 2e Division.

HYGIÈNE (*suite*).

Vêtemens. — Les vêtemens doivent être larges et ne serrer fortement aucune partie du corps. Les meilleurs habits sont ceux de laine. Les chemises de coton sont préférables à celles de chanvre ou de lin. Quand l'été vient, on ne doit quitter que peu à peu ses vêtemens chauds, et se hâter de les reprendre lorsque l'air se refroidit. Il ne faut jamais marcher pieds nus, encore moins se découvrir, s'exposer à un courant d'air, s'arrêter dans un lieu humide ou boire de l'eau froide quand on est en transpiration.

Propreté. — Pendant les saisons froides, un bain tiède par mois; pendant les saisons chaudes, des bains de rivière, des bains de mer et la natation sont très favorables, nécessaires même à la santé. Ne vous baignez jamais que trois ou quatre heures après les repas. Lavez-vous tous les jours les mains et la figure à l'eau froide; une ou deux fois par semaine les pieds dans l'eau chaude.

Sommeil. — Neuf heures de sommeil suffisent aux enfans et aux vieillards, huit aux jeunes gens, sept aux adultes; les lits trop doux sont insalubres.

Exercices. — La promenade convient à tous les âges; la gymnastique à la jeunesse et à l'âge mûr.

HUITIÈME CLASSE. — 2ᵉ Division.

HYGIÈNE (*suite*).

Alimens. — Ne pas manger assez a des inconvéniens ; manger trop en a de bien plus graves Dès que vous vous sentez malade, mettez-vous à la diète. La variété des mets convient à l'estomac. Habituez-vous à manger de tous ceux qui ne sont pas malsains, à moins qu'ils ne vous incommodent. Pendant les temps froids et secs, augmentez la proportion de poissons, de légumes frais, et soyez sobres de vin. Les religions qui prescrivent au printemps l'usage des œufs et des alimens maigres ont autant pour but la conservation de la santé que la mortification du corps.

En été et en automne, préférez les viandes blanches, les légumes et les fruits de la saison ; mangez moins que de coutume, et jamais de fruits verts ou gâtés. Lorsque les chaleurs sont très fortes, assaisonnez un peu plus vos alimens ; et, sans exclure les boissons rafraîchissantes, buvez du vin en petite quantité. Evitez de manger et de boire entre vos repas ; mettez cinq ou six heures d'intervalle entr'eux.

Tout le monde connaît les maux causés par l'ivrognerie. Les épidémies, et surtout le *choléra morbus*, enlèvent avec une rapidité effrayante les personnes adonnées au vin et aux liqueurs fortes, et, en général, celles qui se livrent à des excès.

HUITIEME CLASSE. — 3ᵉ Division.

LE SOLEIL.

Le *soleil* paraît tourner chaque jour autour de la *terre*, mais c'est réellement la *terre* qui tourne.

Outre son mouvement de chaque jour, le *soleil* semble marcher du côté du *levant*, et faire ainsi le tour du *monde* en un an; mais c'est encore la *terre* qui tourne réellement.

Enfin on voit le *soleil* faire un tour sur lui-même en *vingt-cinq jours et demi*, il nous présente alors ses diverses faces.

Le *soleil* est à *trente-quatre millions de lieues* de la terre. Il est *treize cent mille* fois plus gros que notre globe.

La lumière qui nous vient du soleil emploie *huit minutes treize secondes* à franchir cette distance de *trente-quatre millions de lieues*, ce qui fait *soixante-dix mille lieues* par seconde. Le mouvement de la *lumière* est *dix mille* fois plus rapide que celui de la terre autour du soleil.

Le *soleil* est formé d'un noyau obscur et d'une *atmosphère* lumineuse qui nous envoie la *lumière* et la *chaleur*. Souvent cette atmosphère se crève et laisse paraître une tache noire qui appartient à ce noyau.

Quand on regarde le soleil à midi, on a le *levant* à gauche, le *couchant* à droite, le *sud* en face, et le *nord* par derrière.

HUITIEME CLASSE. — 3ᵉ Division.

LA LUNE.

La *lune* se lève et se couche tous les jours comme le soleil ; mais son lever et son coucher se trouvent retardés chaque jour de *quarante-huit minutes* sur le *lever* et le *coucher* de la veille ; et c'est ainsi que la *lune* fait le tour du *ciel* en *vingt-neuf jours et demi*.

Quand la *lune* paraît à côté du *soleil*, on l'appelle *nouvelle lune ;* quand elle s'en est éloignée d'un quart de tour du ciel, du côté du *levant*, elle se trouve à son *premier quartier ;* quand elle arrive à l'opposé du *soleil*, elle est *pleine lune ;* enfin quand elle a fait les trois quarts de son tour, on dit qu'elle est à son *dernier quartier*.

Cette fois c'est bien la *lune* qui tourne autour de la *terre*. La *lumière* qu'elle nous envoie lui vient du *soleil*. Elle nous présente toujours la même face, qui est couverte de *taches permanentes*. Jamais on n'a vu ni on ne verra l'autre côté de cet astre.

La *lune* est à *quatre-vingt-six mille lieues* de la terre ; elle est *quarante-neuf fois* plus petite. On y observe des vallons et des montagnes, comme sur notre globe ; mais il paraît qu'elle n'a point d'*atmosphère ;* d'où l'on doit conjecturer qu'elle ne peut être habitée par des êtres organisés comme nous, puisque nous ne saurions vivre sans air.

HUITIEME CLASSE. — 3ᵉ Division.

LES ÉCLIPSES.

La *lune* revient donc chaque mois près du *soleil*. Quand elle passe tout-à-fait devant, elle nous le cache en tout ou en partie, ce qui produit une *éclipse de soleil* totale ou partielle. L'obscurité qui en résulte a toujours épouvanté les peuples ignorans ; mais les nations instruites envisagent ce *phénomène* comme très naturel et sans aucun danger pour la terre ; les astronomes peuvent le prédire long-temps d'avance sans se tromper d'une seconde.

Quand la terre est placée entre le *soleil* et la *lune*, celle-ci se trouve privée de la *lumière*, et l'on dit alors qu'il y a *éclipse de lune*.

Il est très rare que le *soleil* soit entièrement *éclipsé* par la *lune*, parce que ces deux astres nous présentent des faces égales. Mais les *éclipses de lune* sont assez souvent totales, parce que de la *lune* on doit voir la *terre* neuf fois plus grande que le *soleil*. Cependant la *lune* éclipsée conserve une lumière *rouge de sang* qui est celle de l'*aurore* et du *crépuscule*.

HUITIEME CLASSE.— 3ᵉ Division.

Vapeur.— Rosée.— Brouillard.— Nuages. Pluie.— Neige.— Grêle.— Tonnerre.

L'eau qui se trouve dans un vase ouvert disparaît peu à peu. L'eau que contiennent les corps humides, l'eau des rivières et des mers se dissipe aussi et devient invisible. Elle se transforme en VAPEUR.

Quand le temps se refroidit beaucoup, vers la fin des nuits d'été, la VAPEUR contenue dans l'AIR se dépose en GOUTTES à la surface des végétaux, c'est la ROSÉE.

Le BROUILLARD est encore la vapeur de l'AIR qui se forme en petites gouttes d'eau.

Les NUAGES ont aussi la même origine. Ils se soutiennent dans l'air tant que les gouttes sont très petites; mais, en grossissant, ces gouttes finissent par tomber sous forme de PLUIE.

Quand ces gouttelettes se gèlent par le froid, elles tombent en FLOCONS DE NEIGE.

Enfin, si une grosse goutte se gèle, elle devient un GRÊLON. La GRÊLE, en tombant, ravage les champs et détruit les récoltes; car les GRÊLONS ordinairement de la grosseur d'une petite noisette, sont pourtant quelquefois gros comme des noix.

Dans les temps d'ORAGES, on voit souvent des nuages s'amonceler, et, au moment où ils s'approchent, des ÉCLAIRS brillent et le TONNERRE gronde. Cet effet est produit par l'ÉLECTRICITÉ, qui passe d'un nuage à l'autre ou qui communique avec la terre.

HUITIEME CLASSE. — 3ᵉ Division.

Vent. — Tempête. — Ouragan. — Tremblemens de terre.

Le VENT est l'air en mouvement. Plus ce mouvement est rapide, plus le vent est fort. Le vent ne devient sensible que quand il fait une lieue à l'heure, comme un homme qui marche. Le vent est FORT lorsqu'il fait huit lieues à l'heure, il est TRÈS FORT lorsqu'il en fait seize, il devient TEMPÊTE lorsqu'il en fait vingt, et OURAGAN lorsqu'il fait de trente à quarante lieues par heure.

Dans sa plus grande violence, le vent renverse les édifices et déracine les arbres, il lance les pierres avec la rapidité du boulet; il produit sur la mer des vagues d'une hauteur énorme, qui engloutissent les vaisseaux; il soulève les eaux et les pousse dans l'intérieur des terres où elles occasionnent de désastreuses inondations.

Quelquefois le sol sur lequel nous marchons s'agite, il tremble, il se fend, des montagnes s'écroulent, des terrains s'élèvent ou s'affaissent; des rivières sortent de leurs lits, la mer se précipite dans l'intérieur des terres, et, au milieu de ce bouleversement, les maisons s'écroulent sur leurs habitans : tels sont les terribles effets des TREMBLEMENS DE TERRE.

On ne sait pas encore pourquoi la terre éprouve ces tremblemens. Ce n'est pas la terre entière qui s'ébranle, mais seulement une portion de sa surface; c'est un affaissement ou un soulèvement du sol.

HUITIEME CLASSE. — 3ᵉ Division.

Ballons.

Il existe un gaz qui est quatorze ou quinze fois moins pesant que l'air, c'est le *gaz hydrogène*. On a obtenu ce *gaz* en versant de *l'acide sulfurique* (huile de vitriol) dans un tonneau contenant de l'eau et du fer.

Si donc on introduit ce *gaz* dans une enveloppe légère, faite soit en papier huilé, soit en toile gommée, on voit cet appareil, *ce ballon*, s'élever dans l'air. C'est par la même raison que le liège, mis au fond de l'eau, remonte à sa surface, parce qu'il est plus léger que l'eau.

Plus la dimension des *ballons* est grande, plus le poids qu'ils peuvent soulever dans l'air est considérable.

Les *ballons* sont recouverts d'un *filet*; à l'extrémité des cordes dont ce filet se compose, on attache une espèce de barque ou *nacelle* destinée à recevoir le voyageur que l'on appelle *aéronaute*.

En 1804, M. Gay-Lussac s'est élevé en ballon jusqu'à sept mille mètres au-dessus de la terre (environ une lieue et demie); là il a ressenti le froid le plus rigoureux, bien qu'on fût à l'époque des plus grandes chaleurs.

Pour l'amusement des enfans, on fait des ballons de petite dimension en papier huilé ou en toile gommée, et on les retient au moyen d'une ficelle.

HUITIÈME CLASSE. — 3e DIVISION.

Le Baromètre.

L'air est pesant, le *baromètre* en est une preuve incontestable. On appelle *baromètre* un instrument le plus souvent composé d'un tube de verre, long d'un peu plus de deux pieds et demi (30 pouces environ), fermé en haut, ouvert en bas, qui plonge verticalement dans une petite cuvette à moitié pleine de *mercure*, et dans lequel le *mercure* s'élève jusqu'à la hauteur de *vingt-six* à *vingt-neuf pouces*. Cet instrument sert à indiquer le beau et le mauvais temps; quand le *mercure s'élève*, c'est un signe de *beau temps;* s'il *s'abaisse*, c'est un signe de *pluie*. Toutes les fois que le baromètre se soutient, pendant quelques jours, de vingt-huit pouces et demi ou au-dessus, le temps est *beau*, et le beau temps est durable. Si, au contraire, le mercure ne se soutient qu'à vingt-sept pouces et demi ou au-dessous, le temps est pluvieux; à vingt-huit pouces, le temps est variable. Toutes ces variations se lisent sur une échelle gravée à côté du tube qui contient le mercure.

Il serait très utile d'avoir, dans chaque commune, un *baromètre* exposé à tous les regards; les habitans pourraient le consulter pour prévoir les changemens de l'atmosphère, comme ils consultent l'horloge de l'église pour connaître l'heure du jour.

HUITIEME CLASSE. — 3ᵉ Division.

Thermomètre.

Le *thermomètre* sert à mesurer la chaleur ; il se compose d'une boule de verre surmontée d'un tube très fin. Cette boule et une partie du tube sont pleins de mercure et d'esprit de vin, et le tube porte des divisions.

Quand le *thermomètre* est mis dans la *neige fondante*, le liquide s'abaisse dans le tube jusqu'à un point marqué 0 (zéro). Si le *thermomètre* est ensuite porté dans l'*eau bouillante*, la colonne liquide monte jusqu'à un autre point marqué 100 (cent), on dit alors qu'il y a cent degrés de chaleur ou de température, depuis la *glace* qui fond jusqu'à l'*eau* qui bout.

Si l'on observe un *thermomètre* placé en dehors d'une fenêtre, on le voit *monter* depuis le matin jusque vers deux heures de l'après-midi, parce que l'air s'échauffe, et il baisse ensuite pendant le soir et toute la nuit, parce que l'air se refroidit ; le *thermomètre* est beaucoup plus haut en été qu'en hiver.

La chaleur du *corps humain*, en toute saison, fait monter le *thermomètre* jusqu'à trente-sept degrés.

Pendant l'hiver, il faut échauffer les chambres habitées, de telle manière que le *thermomètre* s'y tienne de douze à quinze degrés.

HUITIEME CLASSE. — 4ᵉ Division.

France.

Au *nord* de la France est la Belgique ; un bras de mer, appelé la Manche, nous sépare de l'Angleterre ; au *levant* est l'Allemagne, la Suisse et l'Italie ; au *midi* la Méditerranée et l'Espagne ; au *couchant* le golfe de Gascogne.

La *France* est divisée en quatre-vingt-six *départemens :* chaque département est partagé en *arrondissemens :* chaque arrondissement est divisé en plusieurs *cantons*, qui comprennent chacun un certain nombre de *communes*. Il y a environ *trente-neuf mille* communes dans toute la *France*.

Un département est administré par un *Préfet ;* un arrondissement est administré par un *Sous-Préfet*. Chaque commune a son *Maire*, ses adjoints et ses conseillers municipaux.

Il y a en France une cour suprême de justice nommée *Cour de cassation*, et vingt-sept *Cours royales ;* chaque arrondissement a un *Tribunal* de première instance, et chaque canton un *Juge-de-paix*.

La *France* compte vingt-sept *académies*, vingt *divisions militaires*, quatre-vingts *archevêchés et évêchés*.

La *population* de la France est d'environ trente-trois millions d'habitans.

HUITIEME CLASSE. — 4ᵉ Division.

DES VERTUS ET DES VICES.

La VERTU nous porte à faire le bien et à éviter le mal. Le VICE est l'ennemi de la vertu.

La source de toutes les vertus, c'est la JUSTICE. elle nous apprend à faire pour les autres ce que nous voudrions qu'ils fissent pour nous-mêmes. Elle nous défend donc de prendre le bien des autres ou de leur nuire de quelque manière que ce soit. Toute action contraire à ce précepte est une INJUSTICE.

L'amour du TRAVAIL assure à l'homme mille moyens d'être heureux. Le travail est le gardien des vertus, car, tandis que nous travaillons, nous ne contractons point de mauvaises habitudes. L'OISIVETÉ, au contraire, est la mère des vices; car l'homme qui ne fait rien apprend ordinairement à mal faire.

La MODESTIE consiste à ne point être fier de ses talens ou de ses vertus. Au contraire, l'orgueil est une opinion avantageuse de soi-même, accompagnée de mépris pour les autres. La modestie fait briller les talens: l'orgueil, partage des sots, rend ceux-ci insupportables aux autres hommes.

La BONNE FOI est l'attachement inviolable à garder notre parole : elle nous impose le devoir de ne jamais tromper personne. La bonne foi est la compagne de la sincérité; celui qui parle contre la VÉRITÉ et contre sa conscience fait un MENSONGE.

On appelle TEMPÉRANCE la modération en toutes

choses, et SOBRIÉTÉ, la modération dans l'usage du *boire et du manger*. La sobriété entretient la santé et nous préserve des excès de l'INTEMPÉRANCE. Celle-ci trouble la raison, abrutit l'esprit, détourne l'ouvrier de son travail, le marchand de son commerce, provoque les querelles, et conduit bien des hommes à l'hôpital.

La DOUCEUR nous fait aimer de nos semblables, la COLÈRE fait qu'ils nous craignent et nous évitent.

Le PARDON DES INJURES est une vertu digne d'un grand cœur, tandis que la VENGEANCE n'habite que dans une âme basse et méprisable.

DES DEVOIRS.

Le premier devoir pour un enfant est d'aimer et de respecter son père et sa mère. C'est à eux qu'il doit tout ce qu'il est, tout ce qu'il possède, et il ne peut payer tant de bienfaits que par la reconnaissance la plus sincère, la soumission la plus grande, et la plus vive tendresse. Cette tendresse, que l'on appelle *amour filial*, nous prescrit de soulager nos parens dans leurs travaux et dans leurs peines, d'exécuter leurs volontés, d'aller au-devant de leurs désirs, surtout de les secourir dans leur vieillesse ou dans leurs besoins.

Quand vous serez hommes, vous occuperez une place dans la société. Votre premier devoir alors sera d'aimer la patrie et d'obéir aux lois. Vous serez riche, peut-être, n'oubliez pas, dans ce cas, que le plus noble et le plus utile emploi des richesses est de soulager les malheureux qui souffrent. On adore presque l'homme riche qui est *humain et bienfaisant*. Si vous êtes pauvre, ne perdez jamais de vue que le travail est une ressource certaine contre l'indigence. Soyez *probe et honnête*, il n'y a rien de si beau et de si respectable que la vertu qui ne se dément pas au sein même de la misère. Enfin, gardez-vous bien de porter envie aux riches; car les riches ne sont pas aussi heureux qu'on le peut croire. S'ils ont les biens en abondance, ils ont aussi en abondance les chagrins.

Si vous êtes *artisans*, soyez *laborieux*, *fidèles* et *honnêtes*. Si vous êtes *cultivateurs*, respectez la propriété d'autrui, la moisson, les prairies et les arbres de vos voisins. Traitez avec bonté les personnes attachées à votre service, et ne maltraitez pas les animaux qui partagent avec vous les travaux de la campagne. Enfin, si vous êtes dans le commerce, souvenez-vous que les plus belles qualités du *marchand* sont la *probité* et l'*intelligence*. Soyez donc honnêtes, mettez de l'ordre dans vos affaires, et remplissez scrupuleusement vos engagemens.

TENDRESSE D'UNE MÈRE.

Un incendie éclata, pendant la nuit, dans le village du Plessis-Praslin. Plusieurs chaumières étaient la proie des flammes, et tous les habitans s'occupaient à en arrêter les progrès ou à sauver ce qu'ils avaient de plus précieux. Au milieu de ce désordre, une malheureuse mère s'éveille tout entourée de flammes, elle porte avec effroi ses regards autour d'elle. Dans cet affreux désastre, une seule pensée s'offre à elle, celle de son fils, enfant de cinq ans, qui dormait dans une chambre voisine. C'est là son bien, son seul bien. Elle se précipite.......; des tourbillons de feu et de fumée s'élèvent et lui ferment le passage; mais rien ne l'arrête : elle s'élance sur des poutres embrâsées, s'enfonce dans cette fournaise ardente, y cherche son enfant, le saisit, et se sauve joyeuse du milieu des flammes qui l'entourent. Sans être touchée de la ruine de sa maison, contemplant sans émotion tous les débris de sa fortune, elle ne voit que son enfant, ne songe qu'à lui, ne veut sauver que lui. Le pressant contre son cœur, elle court jusqu'au milieu d'un champ : là elle s'arrête, et pose son fardeau sur la terre; mais, épuisée de fatigue, elle chancelle et tombe évanouie près de son fils. Ils avaient ressenti tous deux les atteintes des flammes. On s'empressa de les secourir. Hélas! il était trop tard. La mère ne rouvrit les yeux que pour contempler un instant son fils, et pour expirer avec lui.

Cette histoire touchante nous fait voir, mes amis, jusqu'où peut aller la tendresse d'une mère. La vôtre aussi saurait braver les plus grands dangers pour sauver vos jours. Aimez-la donc bien, rendez-lui tendresse pour tendresse. A cet amour filial, joignez le respect et la soumission. Oui, obéissez avec plaisir à votre mère, ayez pour elle ces prévenances affectueuses, empressées, qui la dédommagent un peu des peines sans nombre que lui coûte votre enfance. *Le fils qui n'aime pas sa mère est un monstre dans la nature, et je suis sûr qu'il n'y a pas un de ces êtres-là parmi vous.*

LE BON FILS.

Un jeune enfant, fils d'un ancien officier retiré dans la province après voir versé son sang pour la patrie, avait été placé à l'École-Militaire. On remarqua bientôt qu'à ses repas il refusait les mets servis sur la table, et qu'il se contentait de la soupe avec du pain et de l'eau. On s'en étonna, on lui en fit même des reproches; mais il ne changea pas de conduite et garda le silence, renfermant son secret en lui-même. Le gouverneur, étonné de cette persévérance, le fit venir auprès de lui; il lui parla avec bonté, et lui représenta combien il était nécessaire d'éviter toute singularité, et de se conformer à la règle de l'école. Il mit tant de douceur et en même temps d'insistance dans ses avertissemens, que l'enfant laissa échapper son secret « Hélas! monsieur, dit-il en sanglottant, vous vous étonnez de ma conduite, mais écoutez, écoutez : dans la maison de mon père, on ne mange que du pain noir, et ici je ne puis me résoudre à manger autre chose. Hélas! j'ai toujours présent à ma mémoire l'état de misère où mes parens sont réduits. »

A ce récit, le gouverneur ne put retenir ses larmes : « Mais, reprit-il, si votre père a servi, n'a-t-il pas une pension? — Oui, répondit l'enfant, mais si modique, qu'elle ne peut suffire à soutenir sa famille. J'ai trois frères, j'ai deux sœurs; mon père est vieux, et ses blessures l'empêchent de travailler. — Eh bien! dit le gouverneur, si le fait est aussi bien prouvé qu'il paraît vrai dans votre bouche, nous obtiendrons sans doute pour lui, de la bonté du roi, une pension plus forte : *Le roi ne veut pas que ceux qui ont défendu la patrie meurent dans l'indigence;* mais vous, mon enfant, puisque vos parens sont si peu à l'aise, sans doute ils ne vous ont pas bien garni le gousset; recevez ces deux louis : quant à votre père, je lui enverrai d'avance six mois de la pension que je m'engage à lui faire obtenir. — *Veuillez donc, monsieur,* reprit l'enfant, *y ajouter ces deux louis.* »

AMOUR PATERNEL.

La vie d'un père est un sacrifice continuel pour ses enfans; c'est pour eux qu'il travaille, pour eux que son front se couvre de sueur, et, pour prix de ses fatigues, il ne demande que leur affection et leurs caresses.

Un père de famille était plongé dans la misère; ses enfans, pleurant autour de lui, lui demandaient du pain, mais il ne pouvait leur répondre que par ses larmes et son désespoir. Long-temps il les avait fait vivre du travail de ses mains, alors ils faisaient sa joie et bondissaient autour de lui dans leurs jeux; mais une longue maladie avait usé ses forces, et sa joie s'était changée en amertume.

Un jour, tout plein de sa douleur, il sort, il s'arrache à la vue et aux cris de ses enfans, et court çà et là, sans savoir où le portent ses pas. Tout à coup une voix frappe ses oreilles, il entend qu'on promet une récompense à celui qui, dans une école de chirurgie voisine, ira se livrer à de jeunes étudians auxquels on apprend à saigner. Il y vole, il se présente, et bientôt le sang coule d'un de ses bras. A peine a-t-on bandé la plaie, il offre l'autre bras, et reçoit avec joie une seconde blessure. Saisissant alors l'argent dont on le paie, il court, tout tremblant, acheter la nourriture nécessaire à ses enfans, et s'empresse de retourner à sa demeure. Il entre : sa jeune famille l'entoure, il les presse contre son cœur, et, joyeux, leur partage le pain qu'il apporte, en jouissant de leur bonheur. Mais, hélas! tant d'émotions l'épuisent, la fatigue de ses anciennes maladies se réunit à celle de ses anciennes blessures : il tombe évanoui, ses plaies se rouvrent et le sang ruisselle. Qui peut peindre la douleur de sa femme et de ses enfans ? Quelques personnes accoururent aux cris qu'ils firent entendre; on ranima ce tendre père et l'on arrêta le sang. Quand on apprit la cause de cet événement, tous les cœurs furent émus, et chacun s'empressa de venir au secours de cette famille aussi intéressante que malheureuse.

HUITIEME CLASSE. — 5ᵉ Division.

LECTURE DU LATIN.

(La prononciation exacte des mots est soulignée.)

ORAISON DOMINICALE (*Pater*).

Pa-ter nos-ter, qui es in cœ-lis, sanc-ti-
Patère   nostère   cui èce ine célice   sancti-
fi-ce-tur no-men tu-um : ad-ve-ni-at re-gnum
ficétur   nomène tuome   advéniat   réguenome
tu-um : fi-at vo-lun-tas tu-a si-cut in cœlo
tuome   fiate volontace   tua   sicute   ine célo
et in ter-ra : pa-nem nos-trum quo-ti-di-a-num
ète ine terra   panème   nostrome   kotidianome
da no-bis ho-die, et di-mit-te no-bis de-bi-ta
da nobice   odié   ète   dimité   nobice   débita
nos-tra, si-cut et nos di-mit-ti-mus de-bi-to-ri-
nostra   sicute ète nôs   dimittimuce   débitori-
bus nos-tris ; et ne nos in-du-cas in ten-ta-
buce nostris   ète né nôs   inducace   ine tinta-
ti-o-nem sed li-be-ra nos à ma-lo.
cionème   cède   libéra   nôs à   mâlo.

SALUTATION ANGÉLIQUE (*Ave*).

A-ve Ma-ria, gra-tia ple-na, do-mi-nus te-
Avé   Maria   gracia   pléna   dominuce   té-
cum be-ne-dic-ta tu in mu-lie-ri-bus, et be-
come   bénédicta   tu ine   muliéribuce   ète bé-
ne-dic-tus fruc-tus ven-tris tu-i Je-su.
nedictuce   fructuce   ventrice   tui   Jézu.
Sanc-ta Ma-ria, ma-ter de-i, o-ra pro no-bis
Sancta   Maria   matère   déi   ora   pro nobice
pec-ca-to-ri-bus, nunc et in ho-ra mor-tis
pécatoribuce   nunque   ète ine   ora   mortice
nos-træ. A-men.
nostré.   Amène.

SYMBOLE DES APOTRES (*Credo*).

Cre-do in De-um pa-trem om-ni-po-ten-tem
Crédo   ine   déome   patrème   omenipotintème
cre-a-to-rem cœ-li et ter-ræ : et in Je-sum
créatorème   céli   ète   terrè   ète   ine   Jézome
Chris-tum fi-li-um e-jus u-ni-cum, do-mi-
Chrsitome   filiome   éjuce   unicome   domi-
num nos-trum; qui con-cep-tus est de spi-ri-
nome   nostrome   cui   conceptuce   èste   dé   spiri-
tu sanc-to, na-tus ex Ma-ria virgine ; pas-sus
tu   sancto   natuce   ex   María   virginé   passus
sub Pon-tio Pi-la-to, cru-ci-fi-xus mor-tu-us,
sube   Poncio   Pilato   crucifixuce   mortuce
et se-pul-tus : des-cen-dit ad in-fe-ros : ter-tia
ète   sépultuce   descindite   ade   inférôce   tercia
die re-sur-re-xit à mor-tu-is : as-cen-dit ad
diè   rézurrexite   a   mortuice   ascindite   ade
cœlos; se-dit ad dex-te-ram de-i pa-tris om-
célôce   cédite   ade   dextérame   déi   pâtrice   ome-
ni-po-ten-tis in-de ven-tu-rus est ju-di-ca-re,
nipotentice   indé   vinturuce   èste   judicaré
vi-vos et mor-tu-os. Cre-do in spi-ri-tum sanc-
vivôce   ète   mortuôce   Crédo   ine   spiritome   sanc-
tum, sanc-tam ec-cle-si-am ca-tho-li-cam sanc-
tome   sanctame   eccléziame   catholicame   sanc-
to-rum com-mu-ni-o nem re-mis-si-o-nem pec-ca-
torome   comunionème   rémissionème   pecca-
to rum, car-nis re-sur-rec-ti-o-nem vi-tam æ-ter-
torome   carnis   rézurrectionème   vitame   éter-
nam. A-men.
name.   Amène.

~~~~~~~~~~~~

LE DÉCALOGUE.

Ego sum dominus deus tuus qui eduxi te
Ego   some   dominuce   déuce   tuuce   cui   éduxi   té
de terra Ægypti, de domo servitutis. Non
dé   terra   Égipti   dé   domo   servitutice   Nohe
habebis deos alienos coram me ; non facies
ahébice   déôce   aliénôce   corame   mé   none   faciéce
tibi sculptile, neque omnem similitudinem quæ
tibi   sculptilé   nécué   omenème   similitudinème   cué
est in cœlo quæ sunt in aquis sub terra.
èste   ine   célo   cué   sonte   ine   acuice   sube   terra.
Non adorabis eos neque coles : ego sum do-
None   adorabice   éôce   nécué   colèce   égo   some   do-

minus deus tuus, fortis, zelotis, visitans ini-
minuce deuce tuuce fortice zélotice vizitance ini-
quitatem patrum in filios, in tertiam et
cuitatème patrome iuè filiôce; ine terciame ète
quartam generationem eorum qui oderunt me,
couartam générationème éorum cui odéronte mé
et facient misericordiam in millia his qui
ète faciente miséricordiam ine milia ice cui
diligunt me et custodiunt præcepta mea.
diligonte mé ète custodionte précepta méa.

Non assumes nomen domini dei tui in va-
None assuméce nomène domini déi tui ine va-
num: ne enim habebit insontem dominus eum
nome né énime abébite insontème dominuce éome
qui assumpserit nomen domini dei sui frustra.
cui assompe-sérite nomène domini déi sui frustra.

Memento ut diem sabbati sanctifices. Sex
Meminto ute dième sabati sanctificèce. Sex
diebus operabis et facies omnia opera tua.
diebus opérabice ète faciéce omnia opéra tua.
Septimo autem die, sabbatum domini dei tui
Septimo otème dié sabátum domini déi tui
est: non facies omne opus in eo, tu, et
èste none faciéce omené opuce ine eo tu ète
filius tuus, et filia tua, servus tuus et an-
filiuce tuuce ète filia tua servuce tuuce ète an-
cilla tua, jumentum tuum et advena qui est
cila tua jumintome tuome ète advéna cui èste
intra portas tuas. Sex enim diebus fecit do-
intra portace tuace Sex énime diébuce fécite do-
minus cœlum et terram et omnia quæ in
minnce célome ète terrame ète omenia cuè ine
eis sunt, et requievit in die septimo: idcirco
éice sonte ète récuiévite ine dié septimo idcirco
benedixit dominus diei sabbati et sanctificavit
bénédixite dominuce diéi sabati ète sanctificavite
eum.
éome.

Honora patrem tuum et matrem tuam, ut
Onora patrème tuome ète matrème tuàme ute
sis longævus super terram quam dominus deus
cice lonjévuce supère terrame couame dominuce déuce
tuus dabit tibi.
tuuce dabite tibi.

Non occides. — Non mæchaberis. — Non furtum
None ocsidéce None mécabérice None furtome
facies. — Non loqueris contra proximum tuum
faciéce. None locuérice contra proximome tuome

falsum testimonium. — Non concupisces domnm
_{falsome testimoniome None concupicèce domome}
proximi tui, nec desiderabis uxorem ejus, non
_{proximi tui nec dézidérabis uxorème éjuce none}
servum, non ancillam, non bovem, non asi-
_{servome none ancilame none bovème none azi-}
num, neque omnia quæ illius sunt.
_{nome nécué omenia cué ilius sonte.}

CHIFFRES.

	Arabes.	Romains.
un	1	I
deux	2	II
trois	3	III
quatre	4	IV
cinq	5	V
six	6	VI
sept	7	VII
huit	8	VIII
neuf	9	IX
dix	10	X
onze	11	XI
douze	12	XII
treize	13	XIII
quatorze	14	XIV
quinze	15	XV
seize	16	XVI
dix-sept	17	XVII
dix-huit	18	XVIII
dix-neuf	19	XIX

vingt	20	XX
trente	30	XXX
quarante	40	XL
cinquante	50	L
soixante	60	LX
soixante-dix	70	LXX
quatre-vingts	80	LXXX
quatre-vingt-dix	90	XC
cent	100	C
deux cents	200	CC
trois cents	300	CCC
quatre cents	400	CD
cinq cents	500	D
six cents	600	DC
sept cents	700	DCC
huit cents	800	DCCC
neuf cents	900	CM
mille	1000	M

ERRATA. — Page 14, 3e syllabe de la 1re ligne horizontale, au lieu de *l'an*, lisez *l'au*.

Page 44, au lieu de 1re *leçon*, lisez 3e *leçon*.

Page 49, ——— 3e *leçon*, lisez 4e *leçon*.

Page 65, 1re ligne, au lieu de *adjectifs*, lisez *substantifs*.

FIN

AU GRAND BOURDALOUE.

VERMEIL.

LIBRAIRIE ANCIENNE ET MODERNE,

De Piété, Classiques, de Littérature et Langues étrangères.

Achète et échange les vieux Livres et les vieux Papiers.

PAPETERIE à Lettres, Ecolier, à dessins, de tous formats; et FOURNITURE DE BUREAUX.

PAPIERS blancs et écrits à la livre.

Gravures et Lithographies.

SALON LITTÉRAIRE.

Lecture des Journaux au mois et à la séance. Journaux en ville.

CABINET DE LECTURE.

Littérature; Histoire; Mémoires; Voyages, Romans. — Entretenu de toutes les bonnes publications nouvelles, Romans nouveaux et anciens, au mois et au volume.

ABONNEMENS A TOUS LES JOURNAUX, franco de ports de lettres et d'argent.

COMMISSION pour Paris, tous les huit jours.

——————— pour Lyon, tous les mois.

www.ingramcontent.com/pod-product-compliance
Lightning Source LLC
Chambersburg PA
CBHW070530100426
42743CB00010B/2021